Mein Dank

gilt allen meinen Partnern, die mir wichtige Impulse zur Entstehung dieses Buches gegeben haben und mir auch eine große Hilfe beim Lesen, Korrigieren, Formulieren etc. waren. Ihr seid einfach Spitze! Mein Dank geht auch an Wissi, der mir meinen Erfolg aufrichtig gönnt und mir das Gefühl gibt, dass ich das Richtige tue. Mein Wunsch für alle meine Partner ist, dass sie mit diesem Buch einen Schritt in ihrer Entwicklung weiterkommen.

„Was Sie sind,
ist Gottes Geschenk an Sie,
was Sie aus sich machen,
ist Ihr Geschenk an Gott.“

Dänisches Sprichwort

Bibliografische Information Der Deutschen Bibliothek
Die Deutsche Bibliothek verzeichnet diese Publikation in der Deutschen Nationalbibliografie;
detaillierte bibliografische Daten sind im Internet über http://dnb.ddb.de abrufbar.

E-Mail: info@gabisteiner.de
www.gabisteiner.de

2. Auflage Dezember 2004

Erschienen im Verlag:
Weckel Media, Damme/Dümmer.
E-Mail: media@weckel.de
www.media.weckel.de

Printed in Germany

ISBN 3-9808258-7-6

Gabi Steiner

Von Mensch zu Mensch

Passives Einkommen durch Empfehlungsmarketing

Weckel Media

Inhalt

Einleitung

„Mein Name ist Gabi Steiner. Ich war acht Jahre allein erziehende Mutter und habe erst mit 41 Jahren meinen Partner Manfred kennen gelernt. Von Anfang an war uns deshalb der Wert der Zeit sehr bewusst. Uns war klar, dass wir nicht bis 65 arbeiten wollten, um dann vielleicht noch ein paar schöne Jahre miteinander verbringen zu können. Unser Ziel war es, spätestens mit 50 nicht mehr arbeiten zu müssen. Das heißt die Wahl zu haben, zu arbeiten, wann wir wollen, wie viel und vor allem mit wem!

Ich habe 1999 eine Möglichkeit gefunden, ohne Investition und ohne Risiko dieses Ziel zu erreichen."

Diese Möglichkeit möchte ich auch Ihnen mit diesem Buch vorstellen. Ich möchte Ihnen zeigen, dass tatsächlich vieles erreichbar ist, woran Sie heute noch nicht einmal zu denken wagen. Ich möchte Sie ermutigen, wieder mehr zu träumen.

Gedanklich ist dieses Buch schon seit langer Zeit in verschiedenen Köpfen entstanden. „Leaders are Readers" – gerade in unserer Branche ist es von unschätzbarem Vorteil, dass jeder Erfolgreiche sozusagen „Spuren" hinterlässt. Es gibt genügend Bücher und Artikel von Menschen, die gerne erzählen, wie sie es geschafft haben. Ich war von meinem ersten Tag an begeistert über die Möglichkeit, die Rezepte der wirklich Erfolgreichen für ein paar Euro nachlesen zu können.

Leider gab es in der Vergangenheit ein klitzekleines Problem: Alle Bücher beschreiben Multi-Level-Marketing, das bedeutet, es handelt sich meist um eine Mischform zwischen Direktverkauf und Network Marketing (Teamaufbau), was sich in der Arbeitsweise gravierend auswirkt.

Bis heute habe ich noch kein Buch über das reine Empfehlungsmarketing gelesen, so wie es unser Unternehmen praktiziert. Also musste jedes Mal zu einem Buch eine zusätzliche Erklärung her – sinngemäß mit den Worten: *„Was hier steht ist zwar ganz gut, aber die Seite soundso bis soundso denken Sie sich bitte weg. Wir haben keinen Direktverkauf, deshalb trifft das auf uns nicht zu…"*.

Unendlicher Erklärungsbedarf – ich weiß heute, dass es wirklich einer der wichtigsten Punkte unserer Arbeit ist, den gravierenden Unterschied zwischen diesen beiden Vertriebsformen verständlich zu machen.

Ich bin überzeugt, dass immer noch eine Vielzahl unserer Partner genau diesen Punkt nicht sehen können, und aus diesem Grunde nicht erkennen, welche Goldmine ihnen zu Füßen liegt. Das liegt zum Teil auch an dem Paradigma, das die meisten Menschen in Bezug auf „diese Vertriebsform" im Kopf haben.

Mein Bruder Andy hatte mit seinem eigenen Unternehmen in der Baubranche große Probleme und schaute trotzdem über vier Jahre zu, wie ich immer erfolgreicher wurde. Als er im Juli 2003 erstmals bereit war, sich mit mir über meine Möglichkeit zu unterhalten, gab ich ihm zuerst eine Aufgabe. Mir war klar, dass er voller Vorurteile war, und dass es mir gelingen musste, seinen Geist für diese Chance zu öffnen und so bat ich ihn, zuerst die nachfolgende Aufgabe zu lösen. Ich erklärte ihm, dass er für das, was ich ihm zu sagen habe, eine „neue Schublade öffnen" müsse.

Für Andys Entscheidung war diese Aufgabe ein so wichtiger Impuls, dass ich sie seither sehr oft und gerne verwende und sie Ihnen auf keinen Fall vorenthalten möchte:

Hier sind neun Punkte. Bitte versuchen Sie (natürlich bevor Sie umblättern) alle neun Punkte mit nur vier geraden Linien zu verbinden – ohne den Stift vom Papier abzusetzen:

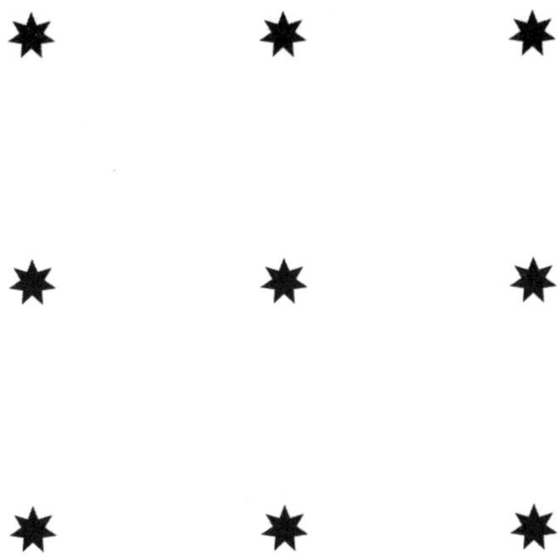

Natürlich konnte Andy die Aufgabe nicht lösen – können Sie es?

Und so funktioniert's:

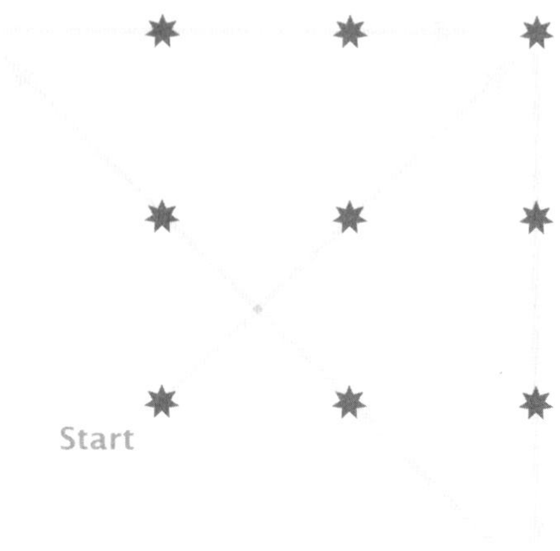

Es war interessant, er hat sofort verstanden, was ich ihm sagen wollte: *„Du musst über die Linien hinaus denken!“* Ich habe ihn mit einem meiner Lieblingsbücher versorgt und am nächsten Tag hat er mir eine E-Mail geschrieben, die mich sehr berührt hat.

> „Habe das grüne Buch schon recht weit gelesen. Sonja auch! Es ist schon komisch, wenn man über sich selbst nachdenkt und feststellt, dass man aus Gewohnheit und Bequemlichkeit immer nur die äußeren Punkte erwischt und der mittlere, wichtigste Punkt kann nie erreicht werden. Das macht man bis zum Zusammenbruch und man wundert sich dann auch noch, warum. Es wird Zeit, dies zu ändern und ich hoffe, mit deiner Hilfe schaffen wir das!“

Können Sie sich vorstellen, was das für ein Gefühl für mich war? Dieses Gefühl, der Erklärungsbedarf aufgrund der bestehenden Paradigmen und der brennende Wunsch, mit meinen Erfahrungen den einen oder anderen zu ermutigen, sich auf den Weg in die Freiheit und Unabhängigkeit zu machen und viele andere Gründe haben mich veranlasst, dieses Buch zu schreiben. Damit will ich natürlich nicht sagen, dass Sie all die anderen nicht lesen sollen! Ich habe bislang aus jedem Buch einen Satz mitgenommen, der mir in einem meiner Gespräche hilfreich war und vielleicht bei einem meiner Gesprächspartner das ausschlaggebende Argument war.

Als Neuling finden Sie jede Menge Geschichten, die Sie zum Start informieren und inspirieren können. Gemäß dem Network-Leitsatz *„Alle Kraft den Neuen“* habe ich mich entschieden, in diesem Buch alles unterzubringen, was für die

Entscheidungsfindung wichtig ist. Gleichzeitig soll das Buch ein Nachschlagewerk sein – sozusagen eine Starthilfe – um unsere Neuen zu unterstützen, das erste Jahr in dieser neuen, aufregenden Welt zu meistern.

Bei allen Beispielen handelt es sich um wahre Geschichten von Menschen, die ihre Entscheidung schon getroffen haben, und die sich entweder noch auf dem Weg befinden oder ihr Ziel schon erreicht haben. Ich möchte allen meinen Partnern, die mir dazu ihre Geschichten geliefert und somit für die Inhalte gesorgt haben, einen großen Dank aussprechen.

Gabi Steiner

Was ist Empfehlungsmarketing?

Eine Möglichkeit, Geld zu verdienen? Es macht mich traurig, wenn ich höre, dass jemand diese Gelegenheit auf das „Geld verdienen“ reduziert. Ich sehe außer dem Wohlstand in zunehmenden Maße mehr die Möglichkeit, ideelle Werte, wie ein hohes Maß an Freiheit und Unabhängigkeit, zu erwerben. Wahrer Reichtum bedeutet, anderen Menschen den Weg zum Erfolg zu ebnen, Freundschaften zu schließen und zu pflegen, andere Menschen, Sitten und Gebräuche kennen zu lernen und vor allem das Luxusgut „Zeit“ für Gesundheit, Familie, Freunde und Hobbys zu haben.

Die größte Herausforderung besteht darin, unserem Gesprächspartner verständlich zu machen, dass es hier **keineswegs** um Verkauf geht. Deshalb möchte ich Ihnen zuallererst anhand einer Geschichte erzählen, wie ich heute den Unterschied zwischen Verkauf und Empfehlungsmarketing erklären kann:

Ich wollte im Juli 2004 ein paar Tage Urlaub in der Schweiz machen. Meine Gruppe ist dank Lissys und Werners Familie (Sie werden noch einiges von ihnen hören) in die Schweiz gewachsen und das Schweizer Team war begeistert darüber, dass ich meinen Aufenthalt nutzen wollte, um dort zwei Seminare zu halten. Das erste Seminar in Zürich war eher etwas „spröde“, was nicht zuletzt daran lag, dass in der ersten Reihe eine Dame saß, die sich offensichtlich schon im Vorfeld entschlossen hatte, dass es ihr auf keinen Fall gefallen wird....

Nun bin ich ein leidenschaftlicher Redner und ich liebe es, Leute im Publikum sitzen zu haben, die meine Erfahrungen hören wollen. Auf der anderen Seite muss ich zugeben, dass ich sehr „bauchorientiert“ und sensibel bin und daher hat mich diese „Schwingung“ ziemlich aus dem Konzept gebracht. (Das merkt natürlich nur jemand, der mich kennt – aber für mich bedeutet das dann richtige Arbeit, weil ich mir jeden Satz bewusst überlegen muss. Wenn ich dagegen im „Flow“ bin, strömen die Worte nur so aus mir heraus).

Nach der Pause war der Stuhl leer und am Ende der Veranstaltung kam die Schwester der besagten Dame zu mir und fragte mich: *„Was kann ich bloß noch mit meiner Schwester machen – sie meinte, hier ginge es ja auch nur um Verkauf!“* Wieder dieses Schreckgespenst!

Ich habe gelernt, dass oft scheinbar unangenehme Situationen auch eine Herausforderung bzw. ein Wachstumspotenzial darstellen. Die ganze Woche in der Schweiz habe ich „gehirnt“ und eine Möglichkeit gesucht, Empfehlungsmarketing noch besser zu erklären, so dass es jedermann unmissverständlich verstehen kann. Und mir ist was eingefallen….

Am Freitagabend war das Seminar in Landquart/Schweiz – ich habe mein Programm einfach umgeworfen und die Geschichte von der Frau in der ersten Reihe erzählt. So wie ich es gefühlt und empfunden habe.

Was ist Empfehlungsmarketing? Nun, ganz einfach. Vor der Erklärung müssen Sie eines realisieren: Für jedes Produkt, das Sie im Laden kaufen, sei es ein Buch, Ihre Hose, die Sie tragen, oder was auch immer, bezahlen Sie den Ladenpreis. Das nennen wir 100%. Die Frage ist, was denken Sie, wie viel Prozent davon gehen wirklich zum Hersteller? Ich lasse die Zahl gerne schätzen, die meisten einigen sich auf 20-40%. Nehmen wir einfach den Mittelwert von 30%. Das bedeutet aber gleichzeitig, dass 70% auf dem Vertriebsweg hängen bleiben. Für Kosten, wie z.B. die Werbung und die Vertriebswege. Die Ladenmiete muss bezahlt werden, unabhängig vom Umsatz. Deshalb leiden viele Selbständige auch unter den „fixen Kosten". Das Personal bekommt auch dann seinen Lohn, wenn der Umsatz etwas geringer ausgefallen ist.

Die meisten Menschen verstehen das sehr gut. In der Schweiz habe ich an diesem Tag folgendes Beispiel erzählt:

„Stellen Sie sich nun mal in einer Straße drei Tankstellen vor. Die eine ist „Ruedi Rüssel" (Lachen Sie nicht, die gibt es wirklich in der Schweiz!), die andere „Shell" und die dritte ist eine ganz Spezielle. Diese dritte Tankstelle hat kein Gebäude, da steht nur so ´ne Zapfsäule rum und wenn's regnet, werden Sie nass. Da ist auch kein Angestellter, der Sie bedient, Sie müssen selbst zapfen.

Aber eine Möglichkeit, die einzigartig ist: Das Geld, das an Personalkosten, Service und Miete oder Pacht eingespart wird (und das ist ´ne ganze Menge), wird an die Personen, die diese spezielle Tankstelle empfehlen, ausgeschüttet. Wenn Sie nämlich bei dieser Tankstelle für 100 Fränkli tanken, dann bekommen Sie für jeden, dem Sie das erzählen, und der daraufhin dort tankt, und auch von dem, der wiederum auf dessen Empfehlung tankt usw., einen gewissen Betrag am Monatsende zurückerstattet. Sagen wir mal, das wären in unserem Beispiel jedes Mal 10 Fränkli pro Empfehlung. Das heißt, wenn Sie im ersten Monat tanken und Ihrer Freundin Anna von dieser speziellen Tankstelle erzählen und sie auch dort tankt, würden Sie 10 Fränkli zurückbekommen. Im nächsten Monat würden Sie zum Beispiel auch Ihrem Vater Alfred von der Tankstelle erzählen. Und die Anna erzählt es ihrem Cousin Bernd. Jetzt tanken drei Personen (Anna, Alfred und Bernd) aufgrund Ihrer Aktivität. Das bedeutet nun 30 Fränkli oder auch Euro zurück!"

Meine Frage: „*Wer von euch würde an dieser Tankstelle tanken?*" wurde zu fast

100% einschlägig positiv zugunsten meiner „speziellen“ Tankstelle beantwortet. Aber rechnen wir weiter. Ich habe meine Schweizer (die inzwischen gar nicht mehr spröde waren) gefragt, ob sie sich vorstellen können, jeden Monat einer Person diese Tankstelle zu empfehlen. Alle konnten das.

Bei der nachfolgenden Rechnung war dann schon ein ungläubiges Staunen laut geworden. Vermutlich gleichzeitig mit dem Zusammenbrechen des Paradigmas, das die meisten Menschen in dieser Richtung besitzen.

„Im zweiten Monat tanken einschließlich mir vier Personen. Und ich zahle – wie jeder – meine 100 Fränkli für den Sprit und bekomme aber 30 Fränkli zurück (drei Personen á 10 Fränkli). Wenn jeder einen weiteren „Tanker“ pro Monat empfiehlt – und der oder die tankt – sind es im dritten Monat acht Tankende, im vierten Monat 16, das ist übrigens der Moment, wo der eigene Sprit bezahlt wäre und es bleibt obendrein noch was übrig! Im fünften Monat sind es 32, im sechsten Monat 64, im siebten Monat 128, im achten Monat 256, dann 512, 1024, 2048 und im zwölften Monat sage und schreibe 4096 Personen, die tanken.

4096 Personen, die Tanken, obwohl ich selbst nur wie vielen Personen die Tankstelle empfohlen habe? Richtig! Nur 12 Personen! Meine Freundin Anna hat die Tankstelle 11 Personen empfohlen, ihr Bruder Bernd dann in dem Beispiel 10 usw.... Das ist die Macht der Multiplikation! Und die sorgt für eine Summe, für die wir wirklich eine neue „Schublade“ öffnen müssen.“

Und nun die alles entscheidende Frage: *„Wer von Euch möchte jetzt ernsthaft behaupten, dass wir Sprit* ***verkaufen****?“* Ich hätte Sie gerne in der Schweiz dabeigehabt. Es war unglaublich, wie reihenweise die Schweizer Groschen gefallen sind! **Das ist es!**

Manchmal höre ich das Argument: ***„Hier wird ja auch verkauft“***.

Das stimmt! Natürlich wird hier Sprit vertrieben, meinetwegen auch verkauft. Aber keinesfalls durch die Personen, welche die Tankstelle empfohlen haben! Verkauft hat den Sprit allenfalls die Tankstelle!

Jeder hier in der Schweiz hatte die Chance gesehen, ein kleineres oder größeres Einkommen durch das Empfehlen dieser Tankstelle zu erzielen. Oder sich vielleicht auch einfach nur die Kosten für den eigenen Sprit zurückzuverdienen! Und das ist der Grund, warum es Empfehlungsmarketing Firmen gibt! Einzig und allein, weil es heute genügend Gründe gibt, nach neuen Möglichkeiten zu suchen. Unsere alten funktionieren nicht mehr. Denken wir an unsere Arbeitsplätze, oder die Rente, oder wie wäre es mit einem Gedanken an unser Gesundheitswesen?

Empfehlungsmarketing ist die Lösung vieler Probleme. Ich frage mich oft, warum das viele Menschen nicht sehen? Vielleicht liegt es an der menschlichen Natur, dass wir erst etwas falsch finden müssen, bevor wir es richtig finden können?

Es war schön zu sehen, wie die Köpfe geraucht haben, als ich die Frage stellte: *„Wie würdet ihr eurem Freund von dieser Gelegenheit erzählen? Würdet ihr die Spritqualität hervorheben? Hier kannst du einen Supersprit tanken, eine sagenhafte Oktanzahl und goldgelb in der Farbe? Vor allem – kämst du auf die Idee zu sagen: Ich habe keine Zeit dafür.“*? Sie lachen jetzt sicher, weil Ihnen nun bewusst ist, wie komisch das wäre.

Aufmerksame Leser haben nun gleich zwei Haken in dem Beispiel gefunden: Der erste ist, dass man nicht 12 x 10% ausbezahlen kann. Das ist klar. Bei den meisten Unternehmen ist es so, dass – je „tiefer“ es geht – desto weniger in Prozenten ausgeschüttet wird. Ingesamt sind es meist an die 60 Prozent.

Der zweite Haken: Es geht nicht mit Sprit! Das liegt vielleicht an dem Schild, das ich kürzlich an einer Tankstelle gesehen habe: *„Wir sind keine Spritverteiler, sondern Steuereintreiber“*.

Egal, Sie haben das System oder die Idee sicher verstanden. Und ich hoffe, dass es Ihnen so gut gefallen hat, dass Sie nun gerne mit mir zusammen überlegen, mit welchem Produkt es denn funktionieren würde.

Dass Umsatz produziert werden muss, um Provisionen oder Boni zu bezahlen, das ist, denke ich, jedem inzwischen klar. Meine Schweizer waren nun gerne bereit, mit mir zusammen zu überlegen, welches Produkt denn nun außer Sprit für diesen Vertriebsweg geeignet sei.

Ich stellte die Frage: *„Welche Eigenschaften muss ein Produkt haben, um für diesen Weg geeignet zu sein?“*

Denken wir zusammen nach: Natürlich muss es **verbraucht** werden. Ein Staubsauger nutzt Ihnen nichts, weil er sich nicht monatlich in Staub auflöst. Also muss es etwas sein, das jeden Monat „leer“ wird. Das ist schon mal sonnenklar, sonst gibt es kein **passives** Einkommen (Einkommen, das auch noch fließt, wenn wir nicht mehr aktiv sind). Letztendlich ist das der Grund, warum die meisten mit Empfehlungsmarketing starten.

Das Produkt muss für **jeden** geeignet sein. Pferdefutter wird zwar auch verbraucht, aber wer hat schon ein Pferd (im Original stand hier „Gaul“ aber ich habe erfahren, dass dieser im schwäbischen eher liebevolle Ausdruck in Norddeutschland nicht so verstanden wird. Sie sehen, welche Möglichkeiten der Fehlkommunikation es gibt...)?

Und der wichtigste Punkt: Es muss etwas sein, was **wichtig** ist, was wir wirklich brauchen, im Trend liegt, eine Branche mit Wachstumspotenzial, mit Zukunft. Was gibt es da für Möglichkeiten? Das gab eine interessante Diskussion mit einstimmigem Ergebnis: Es gibt nur eine Branche, und das ist Wellness, Fitness, Gesundheit und Anti-Aging!

Und da sich mein Unternehmen mit natürlichen Produkten genau in diesem so genannten „Trendmarkt" oder „Wachstumsmarkt" bewegt, habe ich die These in den Raum gestellt, dass meiner Meinung nach **jeder** Interesse an unseren Produkten hat. Sie hätten mal den Protest hören sollen... (wollte ich ja auch erreichen).

Trotzdem bleibe ich bei meiner Meinung. Ich behaupte nach wie vor, dass **jedermann** Interesse daran hat, z.B. „Länger gesünder zu Leben", wie der Titel eines neutralen Buches von Anne Simons, das eines unserer Hauptprodukte, das OPC, beschreibt, lautet.

Das Problem liegt ja ganz woanders. Das Problem ist, dass nur wenige Menschen schon wissen oder glauben, dass es einen unzweifelhaften Zusammenhang zwischen Zivilisationskrankheiten und unserem Alterungsprozess und bestimmten Nährstoffen gibt! Warum das so ist? Max Planck formulierte die Situation sehr zutreffend:

„Wissenschaftliche Wahrheit setzt sich nicht in der Weise durch, dass ihre Gegner überzeugt werden, sondern vielmehr dadurch, dass die Gegner allmählich aussterben und die nächste Generation von Anfang an mit den neuen Gedanken aufwächst!"

Schade um die vielen Menschen, die in der „Zwischenzeit" aufwachsen und leben und das leider nicht (mehr?) erfahren dürfen....

Aber was ist, wenn da wirklich was dran ist? Wenn die unzähligen Studien über Nährstoffe und Antioxidantien Recht haben? Und Sie folgen diesem Impuls nicht? Prüfen es nicht einmal? Informieren sich nicht weiter? Hand aufs Herz, wäre es klug, so einem wichtigen Hinweis nicht nachzugehen? Können wir uns das leisten?

Ich habe den Schweizern eine ganz simple, fast jedem bekannte Geschichte erzählt: *„Was passiert mit einem Apfel, wenn ich ihn aufschneide?"* Richtig. Die Oberfläche wird braun! *„Warum?"*. Nun, viele wussten die Antwort, das liegt am

Sauerstoff, an den freien Radikalen, am Oxidationsprozess, Eisen rostet durch denselben Prozess. Ich fragte weiter: *„Was können wir tun, um dieses ‚Braunwerden' zu verhindern?"* Das weiß (fast) jede Hausfrau: man gießt Zitronensaft drauf. *„Und warum Zitronensaft? Was ist da drin?"* Klar, Vitamin C! Und dieses Vitamin C verhindert für ca. weitere vier Stunden die Oxidation, das „Altern" oder „Verrosten" des Apfels. Weil Vitamin C ein wichtiges Antioxidanz ist.

Stellen Sie sich vor, die neuen Forschungen zu diesem Thema hätten Recht und Antioxidantien, oder auch Radikalenfänger genannt, könnten das auch in unserem Körper bewirken!

An dieser Stelle gebe ich meinen Gesprächspartnern immer einen Rat: „Tanken Sie doch einfach mal ein paar Monate „Super-Plus" anstatt „Normalbenzin" und dann schauen Sie, was ihr Körper daraus machen kann!

Was ist, wenn Sie die Literatur an ihrem eigenen Leibe bestätigt sehen würden, können Sie das dann für sich behalten? **NICHT** den Menschen erzählen, die Sie mögen?

Ich stelle mir oft die Geschichtsbücher vor, die im Jahre 2050 geschrieben werden. In meiner Vision steht da sinngemäß:

„Die Menschen Anfang des 21. Jahrhunderts hatten bereits die Wirkung von Antioxidantien erforscht und damit eine Lösung ihrer massiven Probleme durch Zivilisationskrankheiten gefunden. Unerklärlicherweise führten aber eine Mischung aus Ignoranz, Bequemlichkeit und Festhalten an alten Denkmustern dazu, dass es Jahrzehnte dauerte, bis sich dieses Wissen in den Köpfen der Menschen breit machte und genutzt wurde…".

Klingt ziemlich logisch, nicht wahr? Ich nehme an, Sie haben erkannt, dass es sich lohnt, dieses Thema zu vertiefen, und Sie würden das Ganze ja auch ausprobieren wollen, wenn das Ganze nicht so nach einer Pyramide oder nach einem Schneeballsystem klingen würde….

Schneeball- oder Pyramidensystem?

Ein weiteres Schreckgespenst in unserer Branche, das jedem Neuen das Blut in den Adern gefrieren lässt, ist die Frage: *„Ist das so was wie ein Schneeballsystem?"*

Diese Frage ist sehr wichtig, und die Unsicherheit darüber kostet vielen potenziellen Networkern die Existenz. Aus diesem Grund möchte ich sie gleich zu Anfang in diesem Kapitel umfangreich behandeln. Prof. Zacharias, der an der Fachhochschule in Worms Network Marketing als Studienfach unterrichtet, hat dazu in seiner Broschüre „Die Wachstumsbranche der Zukunft“ wichtige Impulse gegeben. Sicherlich kommt dieser Vorwurf nicht von ungefähr, es gab in der Vergangenheit einige Firmen, die nicht ganz seriös gearbeitet haben. Sie wurden vom Gesetzgeber ausgemerzt, der seither mit Argusaugen darüber wacht. Zwei typische Merkmale für ein Schneeballsystem sind laut Prof. Zacharias:

1. Das Anwerben neuer Vertragspartner bringt Provisionen, so dass der eigentliche Verkauf zur Nebensache wird.

Das Entlohnen im Network Marketing ist dagegen umsatzabhängig.

2. Die Produkte werden jeweils von der nächst höheren Stufe bezogen bzw. von Stufe zu Stufe mit Preisaufschlag weiterverrechnet. (Das bedeutet, Anna würde z.B. 10 Euro bezahlen und es für 12 Euro an Bernd verkaufen, der für 13 Euro an Christa etc.).

Der Unterschied zum Network Marketing: Hier werden die Produkte direkt vom Hersteller bezogen – und dies über alle Hierarchieebenen zum selben Preis!

Zum Thema Pyramidensystem gibt es nur eines zu sagen: Alle Firmen und Institutionen haben die Form einer Pyramide! Trotzdem käme niemand auf die Idee, z.B. die katholische Kirche als illegal zu bezeichnen, obwohl sie wie eine Pyramide ausgelegt ist: An der Spitze sitzt der Papst, dann die Kardinäle, die Bischöfe, die Pfarrer und unten als Basis kommen die Gemeindemitglieder. Das gleiche gilt für die Bundesregierung, an dessen Spitze der Bundeskanzler steht, dann die Minister, darunter die Abgeordneten und unten die breite Masse der Bürger. Also verabschieden wir uns davon, dass eine Pyramide etwas grundsätzlich Anrüchiges ist.

Woran kann man nun erkennen, ob es sich bei der angebotenen Einkommensmöglichkeit um ein legales Geschäft oder ein illegales Pyramidensystem handelt? Mit Sicherheit **nicht** an der Struktur der Vertriebsorganisation des vorgestellten Unternehmens, da diese grundsätzlich eine Pyramidenform haben!

Die 1978 gegründete WFDSA (World Federation of Direct Selling Associations) vertritt zurzeit 50 nationale Direktverkaufsverbände (DSAs) auf globaler Ebene. Dieser Weltverband und alle nationalen DSAs haben schon immer die Notwendigkeit eines ethisch korrekten Geschäftsverhaltens erkannt und deswegen einen weltweiten Verhaltenskodex für die Branche entwickelt. Die Voraussetzung für eine nationale DSA ist, dass sich das Unternehmen diesem Kodex unterwirft. Wir können davon ausgehen, dass es sich bei Unternehmen, die Mitglied einer nationalen DSA sind und ihre Produkte im Network Marketing vertreiben, keinesfalls um illegale Pyramidensysteme handelt. Mein Unternehmen ist Mitglied in der DSA und erhielt beim Start in England die Auszeichnung „Best New Business 1998".

Was sind die Kriterien für ein legal operierendes Unternehmen?

Es müssen Produkte fließen!

Ist der Erwerb einer Lizenz erforderlich, die es gestattet, die angebotenen Produkte zu vertreiben, wird es in dem Moment bedenklich, wenn diese Lizenzgebühr in die Organisation hinein verprovisioniert wird und das Anwerben neuer Partner/Lizenznehmer lukrativer ist als der Verkauf.

Grundsätzlich sollten auch alle Partner direkt zum gleichen Einkaufspreis vom Unternehmen beliefert werden. Wird das Produkt von oben in die pyramidale Vertriebsstruktur eingespeist und von Ebene zu Ebene mit Aufschlag weiterverkauft, handelt es sich um ein Schneeballsystem. Hier ist der Zeitpunkt des Einstiegs maßgeblich dafür entscheidend, ob man seine Produkte überhaupt noch weiterverkaufen kann. Je mehr Ebenen zwischen Neueinsteiger und dem Initiator liegen, desto überteuerter erwirbt der Neueinsteiger seine Produkte und es gilt: „Den letzten beißen die Hunde".

Im Grunde genommen ist es sehr einfach, illegale Pyramidensysteme und Network Marketing zu unterscheiden. Fließen die Produkte vom Unternehmen, das jeden Berater zu gleichen Konditionen beliefert, horizontal durch die pyramidale Vertriebsstruktur bis zum Endverbraucher, handelt es sich um ein klassisches, legales Network Marketing. Das Geld fließt ebenfalls horizontal vom Endverbraucher zum Unternehmen. Hier spielt der Zeitpunkt des Einstiegs keine Rolle und es ist auch vollkommen egal, wie viele Ebenen bereits zwischen dem Neustarter und dem Unternehmen entstanden sind.

Ich denke, dass ich Ihnen damit Ihre eventuellen Befürchtungen zerstreuen konnte, und Sie nun aufmerksam folgen können, wenn ich Ihnen mehr zu meiner Geschichte erzähle.

Die Wichtigkeit der Geschichte.

„Network Marketing ist ein Geschäft des Geschichtenerzählens und des Mitteilens persönlicher Höhen und Tiefen....“

„Die den Geschichten innewohnende Kraft ist ein goldener Schlüssel, der die Tür zum Herzen öffnet.“

Und:

„Die richtige Geschichte zur richtigen Zeit weckt aus der Narkose des Verstandes, befreit von der Knechtschaft alter Gedanken, überlistet das logische Denken. Für einen Moment ist alle Vernunft vergessen; Emotionen gewinnen die Oberhand, und bisherige Überzeugungen werden zuweilen in Frage gestellt. Wir befinden uns auf einer Ebene, auf der es ein Denken außerhalb der Rationalität gibt.“

Diese Zitate – die letzten beiden aus dem Buch „Dream Teams“ beschreiben eine Wahrheit, die mir schon lange theoretisch bekannt ist.

Ich muss gestehen, ich habe erst nach Jahren erkannt, **wie** wichtig dieser Punkt ist. Und **wie** sehr sich dieses Wissen auch auf unser Geschäft übertragen lässt. Heute sehe ich die eigene, persönliche Geschichte als den zentralen Punkt.

Die zentrale und brennendste Frage eines jeden Neulings ist: *„Wie spreche ich Menschen in meinem Umfeld an?“*. Ehrlich gesagt, das ist vollkommen egal. Wir wissen aus unserer Erfahrung nur eines ganz sicher: Jemand mit Leidenschaft und Begeisterung, aber ohne Wissen, hat einen besseren Start als jemand, der alle Fakten und Zahlen perfekt „herunterbeten“ kann. Wir haben Hausfrauen mit sechs Kindern, die keinerlei Vorkenntnisse haben, und mit ihrer Begeisterung Bäume ausreißen. Auf der anderen Seite haben wir Diplom-Ingenieure und Vertriebsprofis, die „schon alles wissen“, und deshalb auch nicht sehr lernbereit sind und erfolglos bleiben. Ich erlebe es nicht das erste Mal, dass gerade jemand, der im normalen Berufsleben sehr erfolgreich war, im Empfehlungsmarketing scheitert. Einzig und alleine deshalb, weil es ihm sein Stolz nicht erlaubt hat, von einer Hausfrau so einfache und simple Dinge anzunehmen....

Deshalb das erste Gesetz im Network:

Beurteile nie jemanden nach seinem bisherigen Erfolg oder gar nach seinen Vorkenntnissen! Entscheide niemals, ob jemand für das Geschäft geeignet ist oder nicht.

Wir haben ein Sprichwort, das heißt:

> **„Der, von dem du denkst, er wird der ‚Macher', kommt nicht in die Gänge – und derjenige, dem du gar nichts zugetraut hast, wird dich verblüffen."**

Grundsätzlich gibt es viele Möglichkeiten der Ansprache. Letztendlich ist es eine Frage der Quote. Eines kann ich Ihnen heute ganz sicher sagen:

- Je enger ich mit jemand befreundet/bekannt bin, (je „wärmer" der Kontakt), desto höher die Glaubwürdigkeit und damit die Quote.
- Je mehr ich sein **„WARUM"** kenne, desto eher wird es für ihn eine Lösung sein und desto höher die Quote.
- Je besser ich im „aktiven Hinhören" bin, desto höher die Quote.

Ich habe mich entschlossen, Ihnen mit diesem Buch die Dinge zu erzählen, die die höchste Aussicht auf Erfolg haben. Meiner persönlichen Meinung nach ist Empfehlungsmarketing ein Mensch-zu-Mensch Geschäft, und ich liebe es besonders deshalb, weil es **jedem** Menschen unabhängig von Alter, Geschlecht, Beruf, Herkunft die Chance bietet, erfolgreich zu sein. Deshalb empfehle und schule ich vorzugsweise Methoden, die **für jeden machbar** und somit duplizierbar sind. Das heißt beileibe nicht, dass andere Möglichkeiten nicht funktionieren. Nur eines ist sicher: Selbst wenn Sie zu den wenigen Menschen gehören, die kein Problem damit haben Vorträge vor großen Menschengruppen zu halten, sollten Sie eines bedenken: Ihre Gruppe wird wiederum zu 80% aus Menschen bestehen, die das nicht können.

Genauso bin ich mir sicher: Je weniger wir die Menschen kennen, mit denen wir reden, desto mehr Gespräche werden wir führen müssen. Das ist der Grund, warum ich gerne mit Menschen rede, die ich kenne. Das nennt man den „warmen" Markt. Natürlich kann ich jeden Menschen kennen lernen – ich sage immer gerne: *„Aus jedem ‚Kalten' kann man einen ‚Warmen' machen."*

Oft kommt es auch vor, dass gerade Partner, die neu im Geschäft sind, in ihrer Begeisterung viel zu viel oder auch Dinge erzählen, die ihren Gesprächspartner nicht interessieren. Hier besteht die Gefahr, dass sich unser Gegenüber durch den geballten Informationsschwall überrumpelt fühlt und in Abwehrhaltung geht.

Die wirksamste und unverfänglichste Möglichkeit Interesse zu wecken ist das Erzählen unserer persönlichen Geschichte. Wenn Sie Ihre eigene Geschichte authentisch und interessant erzählen, wird es kaum zu vermeiden sein, dass Ihr Gegenüber neugierig wird und Ihnen Fragen stellt.

Wir erzählen Menschen, warum wir dabei sind, was uns überzeugt hat, wie wir dazu gekommen sind und was wir für Chancen sehen, unsere Zukunft nach unseren Wünschen zu gestalten. Nur mit persönlichen Emotionen lassen sich Brücken von Mensch zu Mensch bauen.

Jörg Löhr – ein bekannter Persönlichkeitstrainer – sagte etwas, das mir seitdem nicht mehr aus dem Kopf geht:

„Unser Zeitalter wird bestimmt durch Kommunikation und Emotionen. Maschinen haben bereits unsere Muskeln ersetzt, Computer unsere Gehirne, das einzige, was der Mensch noch exklusiv hat und was ihn einzigartig macht, sind seine Emotionen."

Ich bin im Grunde genommen eher ein schüchterner Mensch und deswegen muss ich meine Geschichte erzählen und sie als Brücke nutzen. (Sie haben meine Kurzgeschichte bereits am Anfang gelesen). Mit meiner Geschichte mache ich ein indirektes Angebot und lege somit einen Samen. Damit hat mein Gesprächspartner die Möglichkeit, darauf einzugehen oder auch nicht – und glauben Sie mir – jemand, der auf der Suche nach Veränderung ist, wird mich fragen.

Das ist übrigens ein weiterer wichtiger Vorteil – **ER** fragt dann mich und nicht **ICH** biete ihm etwas an! Können Sie den Unterschied sehen?

Die Geschichte des Chefarztes eines Stadtkrankenhauses, der zwar viel Geld aber keine Zeit zum Leben hat, würde vielleicht so klingen: *„Du kennst ja meine Situation – Geld ist nicht mein Problem, aber ich habe mir überlegt, ob ich meine Arbeit im Krankenhaus wirklich für den Rest meines Lebens machen möchte. Meine Ehe ist in Gefahr, meine Kinder kennen mich kaum. Ich habe jetzt eine Möglichkeit entdeckt, wie ich mir in ein bis zwei Jahren, parallel zu meinem Beruf, ohne meine Sicherheit aufgeben zu müssen, eine finanzielle Unabhängigkeit aufbauen kann."* Vielleicht ist sein Gesprächspartner nun neugierig geworden und sagt zum Chefarzt: *„Das hört sich ja spannend an, erzähle mir doch mehr davon!"*.

Wenn wir verstanden haben, dass Empfehlungsmarketing am leichtesten funktioniert, wenn wir unsere Geschichten erzählen, wird es sehr einfach, mit Menschen zu reden. Und wenn mein Gesprächspartner Interesse hat, wird er mich fragen. Diese Methode – wenn das Geschichten-Erzählen überhaupt als Methode bezeichnet werden kann – ist absolut stressfrei und ohne Begrenzung. Wir können mit jedem locker und ungezwungen reden! Produkte gehören zu diesem Zeitpunkt noch nicht in die Geschichte.

Warum, erklärt Richard Poe in seinem Buch „Wave 4":

„Jeder Verkäufer ist ein Geschichtenerzähler. In den meisten Fällen erzählen Verkäufer Geschichten über die Anwendungen und den Nutzen der Produkte und Dienstleistungen, die sie verkaufen. Networker erzählen eine andere Geschichte. Sie reden von sich selbst, ihrem Leben, ihren Zielen, Träumen und Bestrebungen."

Wissen Sie, wodurch sich ein Unerfahrener von einem erfahrenem Networker unterscheidet?

„Der Erfahrene kennt mehr Geschichten!"

Das stimmt. Er hat die Möglichkeit, jederzeit eine passende Geschichte aus seinem Repertoire zu erzählen. Sie werden auch in diesem Buch jede Menge Geschichten finden, die die wunderbare Eigenschaft haben, dass man sich an sie auch noch nach Jahren erinnert, wenn graue Theorie längst vergessen ist.

Wenn ich mit einem neuen Partner ein Startertraining* mache, hat er schon mal mindestens zwei Geschichten: meine, die er unbedingt benutzen soll, bis er selbst ein Einkommen hat, und seine eigene. Es ist eine meiner ersten Tätigkeiten als Sponsor, mit ihm zusammen seine „Geschichte zu stricken". Das heißt natürlich nicht, eine zu erfinden. Es geht vielmehr darum, das **WARUM** meines Gegenübers herauszufinden, oder den „primären Motivationsfaktor, wie Allan Pease, Autor des Bestsellers „Warum Männer nicht zuhören und Frauen schlecht einparken.", es nennt. Für uns Schwaben ist das der „Kittelbrennfaktor". Letztendlich geht es darum, herauszufinden, welcher Punkt für meinen Gesprächspartner so wichtig ist, dass er ihn motiviert, sich in Bewegung zu setzen.

*Startertraining ist das erste Training, das ich mit einem neuen Partner mache, der sich entschieden hat. Es geht darum, die Bestellung zu erklären und auszufüllen, falls noch nicht geschehen, die ersten Schritte zu vermitteln und einfach alle Fragen zu beantworten, die zu diesem Zeitpunkt schon da sind. Eine aktuelle Vorlage zum Startertraining finden Sie auch unter: www.mitgliederbereich.com.

Meine ausführliche Geschichte

Als ich im August 1993 das erste Mal mit MLM (Multi-Level-Marketing) in Berührung kam, erkannte ich sofort die Chance, die in dieser Gelegenheit steckt.

In mir war nicht der geringste Zweifel daran, dass ich mit diesem System erfolgreich sein würde. Ich habe sofort erkannt, dass es **alleine** von meinem Einsatz abhängt, und ich war bereit, diesen zu bringen. Das heißt, den Preis vorher zu bezahlen.

Mir war klar, dass ich ein paar Jahre hart arbeiten muss, um dann aber ein passives Einkommen – das Ziel eines Networkers – genießen zu können. Zum damaligen Zeitpunkt war ich allein erziehende Mutter meines achtjährigen Sohnes Tim und arbeitete bis zu 75% in einem technischen Großhandel. Bedingt durch Schul- und Betreuungszeiten gab es kaum Möglichkeiten für eine Karriere. Auch sah meine finanzielle Situation nicht so aus, als ob sich irgendein Highlight in mein Leben schleichen würde.

Bereits nach sechs Monaten nebenberuflicher Tätigkeit mit meinem damaligen Partner-Unternehmen, konnte ich meinen Hauptberuf an den Nagel hängen – eine große Erleichterung, obwohl ich siebzehn Jahre mit viel Engagement in dieser Firma gearbeitet habe. Es klingt verrückt, aber ich habe die ganzen Jahre meinen Beruf gerne ausgeübt. Sonntagsarbeit oder Überstunden, wenn es nötig war, waren für mich kein Problem.

Und trotzdem waren die letzten Tage, die ich aufgrund meiner dreimonatigen Kündigungsfrist noch im Büro arbeiten musste, für mich eine Qual. Das habe ich von vielen gehört, die in dieser Situation waren. Sobald man die Freiheit „verschmeckt" hat, wie es auf schwäbisch heißt, und entdeckt hat, wie viel Spaß man im Empfehlungsmarketing haben kann, fällt es schwer, einer „geregelten" Arbeit nachzugehen.

Die Produkte meines damaligen Unternehmens im Bereich Diät-Nahrungsergänzung passten zu mir. Seit 1972 besitze ich eine Getreidemühle (zu diesem Zeitpunkt trugen die Besitzer von Getreidemühlen meistens noch Jesus-Sandalen) und der Zusammenhang zwischen Nahrung und Gesundheit ist seit Jahrzehnten ein wichtiges Thema für mich. Speziell der Zusammenhang zwischen Nährstoffen und dem Alterungsprozess ist inzwischen mein großes Hobby geworden (der Not gehorchend…).

Meine Arbeit machte mir Spaß, und aufgrund meiner Kenntnisse wurde ich schnell zur Produktsprecherin und verbrachte viele Wochenenden auf Seminaren. Heute denke ich, dass dadurch viel wertvolle Zeit für die Erziehung meines Sohnes unwiederbringlich verloren gegangen ist. Das ist einer der wenigen Punkte in meinem Leben, die ich gerne geändert hätte…. Und der Grund dafür, dass ich inzwischen sehr großen Wert darauf lege, dass sich das Geschäft harmonisch in das Familienleben integrieren lässt.

1996 passierte etwas, was mein Leben ziemlich durcheinander wirbelte. Ich lernte meinen Lebenspartner Manfred (ich nenne ihn „Wissi") kennen. Genau genommen habe ich damals so ziemlich alle Vorsätze und Meinungen über Bord geworfen, die ich über Beziehungen und Männer hatte, und ihn einfach nur geliebt.

Und schon begannen die Probleme: Das erste entstand, weil seine Hauptarbeitszeit unter der Woche war. Meine, bedingt durch regelmäßige Zwei-Tages-Seminare, am Wochenende. Die nächste Herausforderung tauchte auf, weil Manfred bereits bevor wir uns kennen lernten einen dreiwöchigen Urlaub nach Südafrika gebucht hatte. Für mich **viel** zu lange, da ich damals in meinem Unternehmen für einige Tausend DM Ware umsetzen musste, um die Provision für drei Ebenen zu bekommen. Und wie bitte, soll man Waren in dieser Höhe verkaufen, wenn man drei Wochen in Südafrika ist? Andererseits war mir der Gedanke, das erste Weihnachtsfest ohne Wissi und 8.000 km entfernt von ihm feiern zu müssen, unerträglich. Damals habe ich zum ersten Mal den Sinn meiner Tätigkeit in Frage gestellt.

Zu dieser Zeit habe ich erkannt, dass es sich zwar um ein Network-Unternehmen handelte, aber der Schwerpunkt alleine schon aufgrund des Vergütungsplans auf dem Direktverkauf lag. Und da war es plötzlich da, das Bewusstsein, dass ich gar kein passives Einkommen hatte!

Ich fragte mich: „Was ist, wenn ich mal krank werde? Oder einfach keine Lust mehr habe, zu arbeiten?".

Trotzdem gingen noch zwei lange Jahre ins Land, bis ich Ende 1998 zufällig anlässlich eines Seminars Don Failla kennen lernte.

Dieses Seminar hatte ich besucht, weil zu dieser Zeit alle unsere „Werkzeuge", wie Inserate, Flyer, nicht mehr richtig funktionierten, und viele meiner Berater Probleme hatten, ihr Qualifikationsvolumen (= die Menge an Produkten, die man umsetzen muss, um Provision für den Gruppenaufbau zu bekommen) zu erreichen. Kein Volumen = kein Scheck. Ich wollte meiner Gruppe ein neues Werkzeug an die Hand geben, um wieder Schwung in die Gruppe zu bringen. Mein Team bestand hauptsächlich aus jungen Müttern mit Kindern und ich denke heute noch mit Bedauern daran, wie sie morgens in aller Frühe, bevor ihre Kinder aufwachten, Flyer in die Briefkästen gesteckt haben. Jeden Tag! Im Sommer geht das ja noch, können Sie sich das aber im Winter vorstellen?

Don und Nancy Failla sind sehr bekannte Network-Trainer und was sie damals auf dem Seminar sagten, hat mich tief beeindruckt:

> **„Wirkliches Empfehlungsmarketing hat nichts mit Verkauf zu tun. Hier geht es nur darum, dass viele Menschen ihr eigenes Produkt benutzen! Du hast ein gutes Produkt und suchst dir fünf Freunde, mit denen du zusammen erfolgreich werden willst und hilfst denen, mit ihren Freunden zu sprechen. So musst du nie wieder mit Fremden reden."**

Noch heute klingen Dons Worte: *„Jeder kann einen Fremden treffen, wenn er ihm von einem Freund vorgestellt wird"*, wie Balsam in meinen Ohren. Jeder dieser fünf Personen hat mindestens 200 Menschen in seinem Umfeld, in denen wiederum mit Sicherheit fünf Menschen stecken, die ihr Leben ernsthaft verändern wollen.

Mit meinen Freunden zusammen Geld zu verdienen – und nicht **an** Ihnen! Das ist ein großer Unterschied!

Ich war wie früher begeistert von der einfachen, simplen Network-Idee und bestellte sofort 1000 von Dons Büchern „Ihre Zukunft". Nie wieder Inserate schalten und mit fremden Menschen sprechen müssen – nie mehr Flugblätter in Briefkästen verteilen. Sofort rief ich mein Team zusammen und erklärte ihnen den einfachen Weg, wie wir nun erfolgreich werden können. Kein Verkauf mehr, welche Freude – jeder sponsert nur fünf Freunde und spricht mit dessen Freunden! In Hochstimmung machten wir uns alle an die Arbeit, um nach einigen Wochen festzustellen, dass nun überhaupt nichts mehr funktionierte. Warum war das so?

Nun, bedingt durch das Qualifikationsvolumen mussten wir ja verkaufen, um unsere Provision zu bekommen. Und da habe ich das erste Mal wirklich den Unterschied zwischen Direktverkauf und Empfehlungsmarketing gespürt! Und ich wollte nicht mehr verkaufen. Ich wollte Lehrer sein und anderen Menschen zeigen, wie sie wirklich ihr Ziel erreichen können!

Zu dieser Zeit las ich alles an Literatur, was ich in die Finger bekam. In einem Buch von Edward Ludbrook stand geschrieben:

„Sie müssen sich die Frage stellen, ob sie auch noch Geld verdienen, wenn Sie nicht mehr arbeiten. Wenn Sie diese Frage mit ‚nein' beantworten müssen, sitzen Sie wie 99% aller Menschen in der Falle."

Und da saß ich! Ich sah keine Lösung. Zu dieser Zeit kannte ich kein Unternehmen, dessen Qualifikationsvolumen lediglich durch den Eigenbedarf abgedeckt werden konnte. Heute weiß ich, dass Gelegenheiten immer dann kommen, wenn man offen und bereit dafür ist.

Meine Chance kam im April 1999. Sie zeigte sich in einem Inserat, in dem ich aufgrund eines Fotos von Don und Nancy Failla auf ein Unternehmen aufmerksam wurde. Ich habe natürlich sofort kombiniert, dass, wenn Don Failla für ein Unternehmen wirbt, es sich um eines handeln muss, das zu seinem Buch passt! Das hat mich natürlich brennend interessiert und ich habe mich näher damit befasst.

Mich hat beeindruckt, dass es sich um ein damals 63 Jahre altes Unternehmen handelte. Ich war zu diesem Zeitpunkt bereits 44 Jahre alt und die Tatsache, dass es sich um ein alteingesessenes Familienunternehmen handelte, hat mir schon sehr viel Sicherheit für meine Entscheidung gegeben. Die Produktpalette ohne jegliche Chemie tat ein Übriges und der Bonusplan passte absolut zu meinem Ziel, finanziell wirklich unabhängig zu werden. Ich erkannte nach sechs Jahren in dieser Branche, dass dieser Marketingplanplan ohne Einstiegsgebühren und ohne Mindestabnahme wirklich für jeden machbar und somit **duplizierbar** ist! Und dass es sich deshalb um ein reines **Empfehlungsmarketing** handelt, so wie ich es mir erträumt habe!

Mein Ziel war damals übrigens noch recht klein. Don Failla formulierte es damals folgendermaßen: *„Stellen Sie sich vor, die Raten für Ihr Haus und Ihr Auto wären bezahlt und Sie würden jeden Monat, ob Sie aufstehen oder nicht, 5000 DM passives Einkommen erhalten!"*

Das war ganz zu Anfang mein Ziel. Und hätte mir gereicht, um mir mit Wissi ein schönes Leben zu machen. Und nach allem, was ich aus meiner Vergangenheit kannte, war diese Gelegenheit dazu ideal geeignet! Ein Geschenk des Himmels, ein Sechser im Lotto auf dem goldenen Tablett!

Heute weiß ich, dass alles, was uns passiert, von unserer Einstellung abhängt. **Was ist es für mich**? Sehe ich darin ein kleines Nebengeschäft, das mir hilft, ein paar kleine Wünsche zu erfüllen? Oder ist es für mich eine Chance, mein wirkliches Ziel zu erreichen? Für mich war es etwas ganz Großes. Und mit dieser Einstellung habe ich meinen Freunden und meiner Familie von dieser „Tankstelle“ erzählt.

Der sprechende Vogel

Bill Evans, einer der Firmengründer, hat einmal eine wundervolle Geschichte erzählt: *„Ein Mann sah einen Vogel, der konnte 400 Worte sprechen und Arien in zwei Sprachen singen. Er war so fasziniert von diesem Tier und da seine Mutter einen runden Geburtstag hatte, beschloss er, ihr diesen Vogel zu schenken. Er fragte nach dem Preis. 50.000 $, das war zwar keine Kleinigkeit, aber für einen Vogel, der 400 Worte spricht und Arien in zwei Sprachen singt.... Er ließ das Tier sorgfältig verpacken und an seine Mutter schicken. Nach einigen Tagen rief er seine Mutter an und fragte, wie sie den Vogel finde. Sie sagte: „Er war köstlich!“*

Wie oft vergessen gerade unsere neuen Partner zu sagen, dass wir einen Vogel haben, der 400 Worte spricht? Und Arien in zwei Sprachen singt?

Träume und Ziele

In einem meiner Lieblingsbücher „Wie sie sich selbst besitzen“ von Paula Pritchard steht:

„Ihre Karriere im Network Marketing sollte mit der Entdeckung Ihrer Träume beginnen und mit deren Erfüllung enden!“

Da steckt so viel Wahrheit drin. Träume zu wecken und daraus ein Ziel zu formulieren ist eine der bestbezahlten Eigenschaften eines Networkers!

Ich weiß heute, nach mehr als zehn Jahren in dieser Branche, dass oft Karrieren schon im Keim erstickt werden, weil viele Menschen verlernt haben zu träumen. Oft landen unsere Träume in den hintersten Schubladen, geraten in Vergessenheit, verstauben – vielleicht nach einigen frustrierenden Erlebnissen, vielleicht aus der täglichen Routine des Alltages heraus.

„Ohne Träume keine Ziele."

Auch dieser Spruch hat eine sehr große Bedeutung.

Mit diesem Kapitel möchte ich Sie ermutigen, Ihre Träume wieder hervorzuholen und Vertrauen in sich und in Ihre Fähigkeiten zu haben. Und ein richtiges Ziel daraus zu machen. Ich möchte Ihnen eine Möglichkeit zeigen, in welcher das Arbeiten Spaß macht, und, wenn man es richtig macht, nicht wirklich als Arbeit bezeichnet werden kann. Eine Möglichkeit, bei der niemand fragt, welche Ausbildung Sie haben, woher Sie kommen. Niemand sortiert Sie aus, weil Sie vielleicht schon zu alt sind oder nicht das richtige Geschlecht haben.

Anhand vieler praktischer Geschichten zeige ich Ihnen, wie auch Sie das schaffen können, was viele Menschen mit mir geschafft haben: Mit Freude den Tag beginnen, sich Ihre Zeit frei einteilen zu können und sich keine Gedanken um die Finanzen machen zu müssen und nur noch von positiven und aufgeschlossenen Menschen umgeben zu sein.

Mich fasziniert der Gedanke, zusammen mit den Menschen, die mir wichtig sind, eine finanzielle Unabhängigkeit aufbauen zu können.

Dass es funktioniert, braucht nicht mehr bewiesen zu werden. Das habe ich bereits getan...!

1999 habe ich mit dem Empfehlungsmarketing begonnen. Ohne Kapitaleinsatz, ohne fixe Kosten! Heute lebe ich teilweise auf meiner Lieblingsinsel Mallorca und könnte längst aufhören zu arbeiten. (Auf meiner Website finden Sie einige Bilder und Eindrücke von der Insel: **www.gabisteiner.de**). Mein heutiges Monatseinkommen hat schon vor Jahren die Höhe meines früheren Jahreseinkommens bei weitem überschritten....

Wie gesagt, es braucht nicht mehr bewiesen zu werden, dass es funktioniert, es geht jetzt nur noch darum, **wie** es funktioniert, und vor allem, wie es **für Sie** funktioniert. Und auch aus diesem Grunde schreibe ich dieses Buch. Es ist noch viel Platz für diejenigen da, die ihre Träume wieder ausgegraben und in ein Ziel verwandelt haben.

Zu schön um wahr zu sein? Nein, keinesfalls. Denn ich zeige Ihnen auch, dass Erfolg und finanzielle Unabhängigkeit auch etwas mit Arbeit zu tun haben. Oder, besser gesagt, mit Engagement. Ich sage Ihnen ehrlich, was notwendig ist, um dorthin zu gelangen. Ich zeige Ihnen, dass zu Beginn eines passiven Einkommens zuerst die eigene Aktivität und auch hier Arbeit und vor allem Geduld und Ausdauer stehen, dass auch Hürden zu nehmen sind und Hindernisse lauern. Aber es lohnt sich.

Oft kommt die Frage, was ich in den ersten Monaten verdient habe. Das ist wirklich nicht einfach zu sagen, weil ich ja **immer noch** für die Arbeit der ersten Monate bezahlt werde.... So finden sich zum Beispiel bereits auf meiner zweiten Abrechnung im Mai 1999 die Namen von Lissy, Erika und Matilde. Erika ist heute in der „Diamantstufe" in Lissys Team und Werner und Lissy kommen derzeit auf einen Jahresumsatz von schätzungsweise 10 Mio. Euro. Matildes Gruppe wird es so auf 3 Mio. Euro bringen. Können Sie sich vorstellen, was das für mich die letzten fünf Jahre an Einkommen bedeutet hat? Und noch besser: was glauben Sie, was das für mich in den nächsten Jahren an Einkommen bedeuten **wird**?

Welch eine Chance... und trotzdem können Sie sich nicht vorstellen, wie viele Menschen sich durch kleine Dinge großer Chancen berauben lassen....

Es gibt nur einen einzigen Unterschied: Wenn 100 Personen in der freien Wirtschaft sich für einen Job bewerben, haben vielleicht fünf die Ausbildung oder Qualifikation dazu. Die anderen sind entweder zu alt, zu dick, zu ungebildet oder zu..., was weiß ich.... Sie **werden** aussortiert....

Wenn hier im Empfehlungsmarketing 100 Personen beginnen, haben alle die gleiche Chance! Hier kann sich jeder nur **selbst** aussortieren:

- „Ach, das ist ja auch nur Verkauf..." — schon sind es nur noch 99!
- „Ich habe keine Zeit dafür..." — 98!
- „Mein Mann lässt mich nicht..." — 97!
- „Das ist ja ein Schneeballsystem..." — 96!
- „Ich kann das nicht..." — 95!
- etc. etc. etc. ...

An dieser Stelle möchte ich Ihnen von einem Phänomen berichten, über das ich mir seit Jahren den Kopf zerbreche. Ich habe bisher noch keine Antwort gefunden.

Wenn jemand z.B. Schlosser oder Krankenschwester werden will, dann entscheidet er sich eine Lehre zu machen. Zu einem Zeitpunkt, wo er genau weiß, dass er noch gar nichts weiß. Er weiß nur, dass er nun mindestens drei Jahre lernen wird, um sich all die Fähigkeiten anzueignen.

Ich habe noch nie erlebt, dass jemand den Lehrmeister bittet, ihm all das benötigte Wissen **vor dem Start** zu offerieren, um sich aufgrund dieser Infos zu entscheiden, ob er den Beruf lernen will oder nicht. Kann er am ersten Tag oder im ersten Monat schon schlossern oder Blut abnehmen? Natürlich nicht – und er weiß und akzeptiert es auch und hat damit **null** Probleme, weil das einfach völlig normal ist! Ein Arzt muss immerhin fünf Jahre studieren, bevor er überhaupt beginnen kann! Und wenn man ihn fragt, wann er angefangen hat zu arbeiten, wird er immer den Zeitpunkt nennen, als sein Studium beendet war. Und er verdient **nichts** während des Studiums. Und nachher? (Ok, früher war es anders…).

Aus meiner Praxis erlebe ich immer wieder staunend, dass jemand am ersten Tag, zu einem Zeitpunkt, wo er noch keinerlei Informationen und keinerlei Ausbildung hatte, sich sicher ist, es **nicht** zu können. Verstehen Sie, was ich meine?

Vor Jahren habe ich einen Spruch gehört, in dem viel Wahrheit steckt:

> **„Network Marketing ist wie eine Autobahn im Nebel, du fährst 100 Meter, erst dann siehst du den nächsten Abschnitt."**

Auch wir brauchen eine Lehrzeit. Dazu gehört auch das Ausprobieren der Produkte, sich vertraut machen mit der Branche. Dirk Jakob – einer unserer favorisierten Persönlichkeitstrainer – empfiehlt jedem, sich eine kleine Bibliothek von mindestens zehn „Werkzeugen" zuzulegen. Werkzeuge sind CDs, Bücher, Cassetten, Videos und Broschüren über die Branche. Das ist zum einen wichtig für unsere eigene Sicherheit, unser Bauchgefühl, und zum anderen haben wir dann gleichzeitig wieder Werkzeuge zum Weitergeben. Aus meiner Erfahrung weiß ich, dass das Team umso schneller wächst, je mehr Werkzeuge eingesetzt werden. Es gibt kein Geschäft, das so sehr von unserer eigenen Einstellung und Überzeugung abhängt wie Empfehlungsmarketing.

> **„Egal, ob jemand glaubt es zu können oder nicht zu können – er hat immer Recht."**

Ich erzähle auch sehr gerne den Vergleich mit dem Radfahren. Wenn wir das erste Mal auf dem Rad sitzen, dann wissen wir, wie wir die Pedale benutzen, wir wissen auch theoretisch, wie wir lenken müssen – aber können wir Radfahren?

Nein! Was fehlt uns…? Richtig! Die Balance! Wenn wir die aber haben – das ist ein winziger Moment – dann kann sie uns niemand wieder wegnehmen! Genauso ist es im Empfehlungsmarketing und ich liebe die Momente, wenn ich miterleben kann, wie einer meiner Schützlinge die Balance gewonnen hat und plötzlich geht alles leicht von der Hand. Plötzlich machen Gespräche Spaß und man erzählt, weil man Spaß daran hat und nicht, weil man die Gewinnung neuer Partner im Sinn hat.

Inzwischen weiß ich, es gibt Gesetzmäßigkeiten, die ohne Zweifel zum Erfolg führen, wenn man sich daran hält. Und deshalb bin ich mir so sicher: Was ich erreicht habe, können Sie auch.

„Vielleicht ist es jenseits von allen wirtschaftlichen Segnungen der schönste Erfolg, den ein echter Networker ernten kann: Zu erleben, wie ein Partner, auf den man setzte, sich von einem zaghaften, etwas furchtsamen und eventuell bisher nur mittelmäßig erfolgreichen Menschen zu einer strahlenden, begehrten Persönlichkeit entwickelt, die das eigene Leben meistert, aufsteigt und so wiederum ein Vorbild und Ansporn für viele Andere wird“.

Das ist ein Zitat von Michael Strachowitz, einem bekannten Network-Trainer, das ich vor Jahren gelesen habe und an das ich immer wieder denke, wenn ich bei größeren Events mit Gänsehaut auf der Bühne stehe und die Entwicklung sehe, die viele gemacht haben. Ein Beispiel – inzwischen für ihre Geschichte europaweit berühmt – ist die Erika (Sie erinnern sich an meine zweite Abrechnung?), eine Hausfrau aus dem schwäbischen Wald und Mutter von fünf Kindern. Sie wollte, nachdem ihre Kinder selbständig waren, noch was für **sich** tun. Nach drei Jahren erreichte sie den Diamant-Status und wenn sie auf der Bühne steht und ihre Geschichte erzählt, dann merkt man, wie gerade ihre Geschichte Mut macht. Das ist übrigens ein sehr wichtiger Grund, warum neue Partner so schnell wie möglich das „große Bild“ auf einem Event oder Training sehen sollten.

Bei Erreichen eines gewissen Volumens werden unsere Partner von unserem Partner-Unternehmen in die USA eingeladen. Das war bei Erika sehr früh der Fall und sie war natürlich begeistert darüber. Die Reisevorbereitungen blieben der wachen Nachbarschaft in dem kleinen Dorf nicht verborgen. Als eine Nachbarin fragte: *„Ja so was, du gehst nach Amerika in den Urlaub?“*, sagte Erika mit stolzer Brust: *„Nein, das ist geschäftlich!“* Glauben Sie, ihr Umfeld hätte ihr das zugetraut? Vermutlich sie sich selbst am wenigsten…. Aber sie war immer bereit zu lernen. Und sie hatte mit Lissy einen hervorragenden Sponsor.

„Die Networker, die echtes Leadership für sich in Anspruch nehmen dürfen, glauben auch fest an das grundsätzlich vorhandene Potenzial, das in jedem ihrer Partner steckt. Diese wiederum spüren, dass da jemand an sie glaubt – vielleicht das erste Mal in ihrem Leben – und werden schon alleine dadurch um so vieles reicher."

Und dieser Glaube ist sehr wichtig, gerade in Deutschland ist Neid leider nicht ganz selten. Das Sprichwort: *„Mitleid bekommst du geschenkt, Neid musst du dir erarbeiten!"* trifft ziemlich genau zu. Ich weiß heute, dass Erfolg in unserer Branche jedem, der „**Nein**" gesagt hat, im Grunde genommen zeigt, dass er Unrecht hatte… und das gefällt nicht jedem. Damit werden auch Sie leben müssen, wenn Sie sich auf den Weg machen. Ich möchte, dass sie das wissen.

Ein Ziel ist ein Traum mit Datum versehen!

Bevor wir im Empfehlungsmarketing beginnen, brauchen wir also ein Ziel. Und zwar ein ziemlich konkretes. Es muss uns motivieren. Nur dann werden wir bereit sein, etwas dafür zu tun. Und auch die Rückschläge und den Neid ertragen, der zwangsläufig kommen wird. Das ist einfach meine Erfahrung. Es hätte zwar jeder gerne mehr Geld, aber nur wer ein Ziel hat, ist auch bereit, sich dafür in Bewegung zu setzen. Wirklich große Ziele lassen sich nicht ausschließlich über die Empfehlung von Produkten erreichen, sondern nur, indem man eine stabile Organisation aufbaut. Dazu braucht es Führungskräfte. Deshalb suchen wir Menschen, die Ziele haben.

Wirbst du mit Produkten, wirst du Kunden bekommen.
Wirbst du mit einer Geschäftsmöglichkeit, wirst du Geschäftsleute bekommen.
Wirbst du mit einer Vision, wirst du Führungskräfte bekommen.

Wer ist am besten dafür geeignet? Jeder, der etwas will, was er noch nicht hat! Und je mehr er das will, desto besser ist er geeignet.

Es gibt viele Bücher mit der Beschreibung der Wichtigkeit von Zielen. Eines davon („Erfolgreiche Zielsetzung" von John Church) habe ich erst kürzlich in die

Hand bekommen und bin so fasziniert über die Klarheit und Verständlichkeit der Beispiele, dass ich sie seither oft benutze und Ihnen dieses unbedingt mitgeben möchte. John Church pflegt seine Seminarteilnehmer zu fragen, wie viele blaue Autos sie auf dem Weg zum Seminar gesehen haben. Das kann natürlich nie jemand beantworten.

„*OK, ihr bekommt nun 10 Euro für jedes Autokennzeichen eines blauen Autos, das ihr auf dem Heimweg seht.*" Würden wir **nun** blaue Autos sehen? Ganz sicher! Das ist der Grund, warum klar definierte Ziele so wichtig sind. Das Ziel sagt Ihrem Gehirn, welche Gelegenheiten es erkennen muss (blaue Autos!). **Und was ist, wenn wir kein klar definiertes Ziel haben?** Dann konzentriert sich Ihr Gehirn auf gar nichts. Sie schlendern lediglich durchs Leben und verpassen Millionen von Gelegenheiten, durch die Sie so gut wie alles erreichen könnten!

Das ist phänomenal! Was mich ebenfalls verblüfft hat, ist seine Frage: „*Kann man ein Ziel nicht erreichen?*" Kann man? Denken Sie nach!

Nein, das kann man nicht! (Es sei denn, man stirbt vorher…). Man kann sein Ziel allenfalls ändern! Nehmen wir an, Ihr Ziel ist, Gewicht zu reduzieren. Als Maßnahme dazu planen Sie, Ihre Ernährung umzustellen und jeden Morgen eine Stunde zu walken. Am nächsten Morgen stehen Sie auf und stellen fest, dass die Turnschuhe dreckig sind – die Hose ist in der Wäsche, es sieht aus, als ob es regnen würde und außerdem haben Sie so viel zu tun, dass es heute **wirklich** knapp wird. Der innere Schweinehund siegt und Sie machen heute keinen Sport. Aber ganz sicher morgen wieder….

Wie oft kommt etwas, das uns wichtiger erscheint – und schwupps, haben wir das Ziel geändert. (Glauben Sie mir, ich spreche nur von Dingen, die ich selbst kenne…).

Es gibt keinen Misserfolg, nur Erfolg, der nicht frühzeitig genug eingetreten ist.

Sehr hilfreich zur Zielerreichung ist, wenn Sie jetzt schon genau das Gefühl erschaffen können, das Sie haben werden, wenn Ihr Ziel erreicht sein wird. Ein gutes Beispiel dafür fand ich in einem anderen Buch. Es beschreibt eine lustige Geschichte mit viel Wahrheitsgehalt:

Egon besucht ein Autohaus und steht ganz verträumt vor seinem Traumwagen – diesem Wahnsinnsauto. Der Verkäufer kommt dazu und lädt Egon ein, doch mal eine Probefahrt zu machen…. Nun gibt es zwei Möglichkeiten: Wenn er ablehnt (nee-nee-lieber-nicht-sonst-will-

ich-das-Auto-vielleicht-haben-und-ich-kann-mir-das-ja-gar-nicht-leisten) dann weiß der Verkäufer, dass bei Egon nichts zu machen ist. Aber was ist, wenn Egon denkt: „Na ja, reinsetzen kann ich mich ja mal. Nur ganz kurz!" Dann sitzt er drin..., der weiche Sitz schmiegt sich an seinen Rücken... er atmet den wundervollen Duft der nagelneuen Lederpolster ein. Er lässt den Motor an... acht Zylinder schnurren... er stellt sich vor, wie es wäre, mit diesem Auto zu Hause vorzufahren. Wie sein Nachbar, der ganz am Anfang „Nein" zu Egons Geschäftsmöglichkeit gesagt hat, gerade vor der Tür steht – und wie ihm die Kinnlade runterklappt.... Plötzlich fallen ihm Lösungsmöglichkeiten ein. Sein Gehirn arbeitet fieberhaft und spuckt verschiedene Lösungsvorschläge aus: „Ich könnte den Bausparvertrag kündigen, Tante Anna anhauen, mein Erbe ausbezahlen lassen, Samstags Autos waschen etc. etc. etc...".

Zielcollage

Eine gute Möglichkeit, unserem Gehirn konkrete Befehle zu geben, ist das Erstellen einer Zielcollage. Ich mache das sehr gerne – vor allem auch mit neuen Partnern – und wir haben jedes Mal einen Riesenspaß dabei. „Dream-Building" – das Wecken von Träumen ist wie das „Hinhören" eine hoch bezahlte Fähigkeit im Empfehlungsmarketing. Je eher unser Interessent Empfehlungsmarketing als die Möglichkeit zur Erfüllung seines Zieles betrachtet, desto eher wird er unser Angebot annehmen. Und wie schon gesagt: Geld verdienen akzeptiere ich nicht als Ziel – es sind immer die Dinge, die man damit erreichen kann – und in den seltensten Fällen liegen die im materiellen Bereich!

Ich möchte Ihnen dazu meine eigene Geschichte aus dem Jahre 1995 erzählen. Zu diesem Zeitpunkt war ich noch allein erziehende Mutter, mein Sohn war zehn Jahre alt. Vier Jahre vorher, 1991, kurz bevor die Immobilienpreise stark gefallen sind, habe ich eine Eigentumswohnung gekauft. 1995 war mein schwärzestes Jahr. Bedingt durch verschiedene Umstände und einer „Rufmordkampagne" gegen mein damaliges Unternehmen, reduzierte sich mein Einkommen innerhalb eines halben Jahres auf ca. 2500 DM monatlich. Das ist an sich nicht wenig – wird allerdings tragisch, wenn man fixe Kosten in Höhe von 6000 DM hat. Ohne Partner, an dessen Schulter ich mich hätte ausheulen können, und mit der Verantwortung für ein Kind, das nicht immer einfach war, Leasing fürs Auto und den Raten für die Wohnung und fast keinem Einkommen, ging es mir einfach nur schlecht. Ich konnte nicht mehr arbeiten. Manchmal wollte ich morgens nicht mal mehr die Augen aufmachen. Nicht mehr denken.

Zu dieser Zeit kam eine meiner Beraterinnen zu mir und sagte sinngemäß: *„Ent-*

weder du unternimmst jetzt was, damit wir wieder rauskommen aus dieser Misere, oder ich höre auch auf." Da sie eine meiner letzten zwei aktiven Gruppen war, hat mich ihre Drohung schon sehr schockiert und aufgerüttelt. Das konnte ich mir nun wirklich nicht leisten. Sie machte mir den Vorschlag, dass wir ein Seminar besuchen von einem Mann, der damals trotz der schlechten Gesamtlage gute Wachstumsraten im selben Unternehmen erzielte. Sein Seminar fand in Augsburg statt und kostete damals 400 DM.

„*Bist du wahnsinnig*", sagte ich damals zu Monika, „*ich kann es mir nicht leisten, ein Seminar für 400 DM zu besuchen!*". Sie sagte etwas von immenser Bedeutung, das ich heute immer wieder zitiere. Sie sagte schlicht und einfach:

„*Du kannst es dir nicht leisten, das Seminar* **nicht** *zu besuchen.*"

Ich ging hin. Und wissen Sie, was der Mann uns zumutete? Er ließ uns Bilder ausschneiden und auf Pappe kleben! Ich war entsetzt – ich kratze meine letzten Kröten zusammen, fahre nach Augsburg, um dann Bilder für eine Zielcollage auszuschneiden! Gut – ich war nicht lange sauer. Ich erkannte die Wichtigkeit und diese zwei Tage waren sehr entscheidend für mich. Er sagte ein paar Dinge, die mich sehr berührt haben und gab uns eine wichtige Formel mit, die ich damals verinnerlicht habe, und die ich heute noch bei jeder Gelegenheit erzähle:

Denken + Handeln = Erfolg!

Lassen Sie sich diese Formel auf der Zunge zergehen. Was bedeutet das? Du kannst arbeiten wie ein Ochse, wenn du die Einstellung hast, „*das klappt sowieso nicht*", dann hast du Recht. Und du kannst auch in der Ecke sitzen und so positiv denken wie alle Esoteriker der Welt zusammen – wenn du nicht ins Handeln kommst, nutzt es dir auch nichts.

Seltsamerweise begann ich danach wieder zu arbeiten und vier Monate später hatte mein Scheck wieder die alte Höhe erreicht. Was hatte sich geändert? Ich muss Ihnen gestehen: Die Situation war gleich schlecht. Wir mussten viel erklären, viel mehr tun, um den gleichen Erfolg zu haben. Wir brauchten die doppelte Quote. Es war Knochenarbeit. Aber mein Scheck ging wieder nach oben. Wir durchschritten die Talsohle und ich habe etwas ganz Wichtiges daraus gelernt:

Es sind nicht die Umstände – die sind für alle Menschen gleich. Es ist auch nicht die Wirtschaft. Auch nicht die Politik (obwohl die natürlich schon sehr nützlich als Sündenbock ist). Es ist auch nicht das Wetter und nicht das Schicksal und schon gar nicht unser Partner. Es ist einzig und allein die Einstellung, die wir haben.

Die Zielcollage, die damals entstanden ist, ist inzwischen abgearbeitet: (ok, ich gebe zu, am BMI (Body-Maß-Index) muss ich noch arbeiten, aber ich bin grad dran...) 1996 habe ich Wissi kennen gelernt. 1999 begann ich in meinem jetzigen Partner-Unternehmen. 2000 haben wir die Malediven bereist, 2001 bezogen wir das Haus am Ebnisee und 2002 bekam ich auf Anraten meines Steuerberaters das kleine, flache, tellursilberne Auto. 2003 wurde ein Traum realisiert, der noch gar nicht auf meiner Collage war – ein Zweitwohnsitz auf Mallorca.

Nun musste dringend eine neue Collage her. 2004 ist sie nun entstanden – und ich überlege mir sehr genau, was ich da noch reinklebe...!

Unser Gehirn ist unglaublich. Lassen Sie es für sich arbeiten... stellen Sie sich vor, wie Sie sich fühlen, wenn Sie an Ihrem Ziel angekommen sind! Dann entwickeln Sie ein brennendes Verlangen danach, so viel zu erreichen, dass Sie in der Lage sein werden, Ihr Leben entsprechend Ihren Vorstellungen ändern zu können. Das hat natürlich sehr viel mit Ihrem **WARUM** zu tun.

Das WARUM

Das Ziel ergibt sich aus dem **WARUM**. Wenn jemand kein **WARUM** hat, dann wird er sich vielleicht in Bewegung setzen, aber beim ersten Gegenwind wird er wieder umfallen. Und glauben Sie mir: Es wird ihn geben...!

Wenn das WARUM groß genug ist, ist das WIE keine Frage.

Wir sind Pioniere an einer Stelle zu einem Zeitpunkt, wo viele noch nicht realisiert haben, wie wichtig diese Möglichkeit ist. Allan Pease schreibt in seinem

Buch „Fragen sind die Antworten“:

„Der Marketingplan ist lediglich eine Lösung für ein Problem, oder aber die Möglichkeit, einen Traum zu realisieren.“

„Zeigen Sie nur Lösungen auf, ohne zunächst einmal den primären Motivationsfaktor eines Menschen aufgedeckt zu haben, dann liegt die Vermutung nahe, dass sich der Interessent von der Begeisterung über das Ganze hat mitreißen lassen, jedoch nicht emotional motiviert sein wird....“

und:

„Es macht keinen Sinn, den (Marketing-) Plan zu präsentieren, bevor Sie nicht den primären Motivationsfaktor eines Kandidaten aufgedeckt und ihn diesbezüglich in Unruhe versetzt haben. (...) Finden Sie die auslösenden Momente heraus und aktivieren Sie sie, und schon ist der Aufbau Ihres Networks einfach und simpel.“

Es ist also auch eine Frage der Reihenfolge: Machen Sie **zuerst** das Problem bewusst und bieten **dann** eine Lösung an, haben Sie eine wesentlich bessere Position, als wenn Sie eine Lösung anbieten und hinterher das Problem argumentieren müssen!

Wenn ich einem Topmanager einen Zusatzverdienst anbiete, dann habe ich vermutlich keine Chance, ihn zu interessieren. Vermutlich verdient er schon so viel Geld, dass er ein anderes Problem hat: nämlich keine Zeit, es auszugeben. Außerdem wissen wir, dass jemand, der genug verdient, auch sehr viel Umsatzverantwortung und Risiko trägt und letztendlich Zeit gegen Geld tauschen muss. Wir können davon ausgehen, dass er seine Familie sowieso nur von Fotos auf seinem Schreibtisch kennt und deshalb sicher nicht noch einen Job an der Backe haben will. Was aber wäre, wenn ich mich mit ihm über die Kostbarkeit der Zeit unterhielte und dann bei passender Gelegenheit fragte: *„Was würdest du sagen, wenn ich dir eine Möglichkeit zeige, wie du dir in wenigen Jahren ein zweites Standbein aufbauen kannst, dass dann dein erstes werden kann? Ohne die Sicherheit deines jetzigen Arbeitsplatzes aufgeben zu müssen?“*

Es macht ebenfalls keinen Sinn Menschen, bei denen die wahren Träume noch verborgen liegen, und, die im Moment noch kleine Ziele haben, über ein monatliches Einkommen von 20.000 oder 30.000 Euro zu sprechen. Sie sehen, wie wichtig es ist, das **WARUM** herauszufinden. Mein Motto heißt:

„Finde heraus, was dein Gegenüber will und hilf ihm, das zu erreichen.“

Wenn Sie das wirklich tun, **können Sie keine Fehler machen!**

Während ich das schreibe, fällt mir auf, wie simpel und einfach die ganze Geschichte doch ist. Oder zumindest erscheint. Dennoch kann ich Ihnen verraten, dass genau hier die meisten Fehler gemacht werden. Ich weiß aus Erfahrung, dass dieser Punkt bei den meisten Gesprächen vernachlässigt wird. Gerade neue Partner schütten Informationen über ihre Freunde aus, ohne auch nur die geringste Idee zu haben, was der **Andere** will.

„*Finde heraus…*“ – da steckt im Grunde genommen alles schon drin. „*Finde heraus*“ bedeutet: „*Hör mal hin! Was will er – und wie passt mein Angebot zu seinem Ziel?*“ In unserem Startertraining gehen wir auf die verschiedenen **WARUMs** ein, und ich möchte Ihnen hier noch ein paar andere Beispiele dazu nennen:

Der Wert der Zeit

Vor einigen Jahren war ich mit Wissi auf einem „Karriereforum“ in Frankfurt. Das war ein Seminar mit vielen bekannten Sprechern. Ich besuche selbst auch immer wieder Seminare dieser Art, um mir Input zu holen. Jörg Löhr war einer der Sprecher, und als wir nach der Pause wieder hereinkamen, bat er uns, doch mal unter unseren Stuhl zu greifen. Jeder fand ein mit Tesafilm geklebtes Maßband mit 100 cm Länge.

„*Nun reißt mal euer Alter ab*“, bat er uns. Ich war damals 46 Jahre alt. „*Dann reißt ihr bei 79 ab, wenn ihr eine Frau seid, bei 72, wenn ihr ein Mann seid. So langsam dämmerte es bei allen…, und dann nochmals drei Striche, wenn ihr keinen Sport treibt. Und nochmals zwei, wenn ihr raucht. Dann schaut ihr, was noch übrig bleibt!*“

Diese Übung hat mich sehr berührt und ich erzähle sie oft. Meistens füge ich hinzu: „*Wenn Sie mit dem, was Sie machen, zufrieden und glücklich sind, dann bleiben Sie dabei. Aber wenn nicht, dann ändern Sie es. Und zwar gleich. Wenn nicht jetzt, wann dann? Die Zeit ist viel zu kostbar!*“

Zeit ist das kostbarste Gut. Sie wissen aus meiner Geschichte, dass das für mich der Hauptpunkt war und ich weiß aus meinem Team, dass die Möglichkeit zum Aufbau eines passiven Einkommens, welches mir irgendwann mehr Freizeit beschert, auch der Punkt ist, bei dem am meisten Interesse gezeigt wird. Ich schätze es heute als einen großen Luxus, morgens – wenn alle arbeiten müssen – im Wald walken gehen zu können und Zeit für Dinge zu haben, die mir wirklich wichtig sind.

Persönlichkeitsentwicklung

Empfehlungsmarketing ist die beste Menschenentwicklungsschule, die es je gab. Die Fähigkeiten, die Sie im Empfehlungsmarketing brauchen sind dieselben, die Sie generell zu einem besseren Menschen machen. Das heißt, was Sie hier lernen, brauchen Sie sowieso fürs Leben.

Dirk Jakob drückt das so wunderschön aus: **SEIN – TUN – HABEN**. Es geht hierbei darum, was wir **SIND** und nicht, was wir **SAGEN**. Ich bin sicher, dass 95% der Kommunikation zwischen Menschen sich unbewusst abspielt. Es spielt keine Rolle, **was** sie sagen, wenn es nicht ihrer wirklichen Einstellung entspricht. Das ist der Grund, warum wir so sehr die Überzeugung brauchen!

„Das, was du BIST, spricht so laut, dass ich nicht hören kann, was du SAGST!"

Deshalb macht es keinen Sinn, wenn Sie Ihre Präsentation perfekt runterbeten können, aber zum Beispiel in Ihrer Geschichte nicht ehrlich sind. Erfahrene Networker wissen das. Und glauben Sie mir, es ist besser Sie sagen ganz ehrlich: *„Mir ist von meiner Firma nach 20 Jahren unerwartet gekündigt worden. Das hat mich anfangs sehr betroffen, ich kann meine Raten fürs Haus nicht mehr bezahlen und muss im Moment sehr auf mein Geld achten. Aber jetzt sehe ich wieder Licht. Ich habe eine Möglichkeit gefunden, wie ich mir ohne Risiko wieder eine Existenz aufbauen kann…"*.

Es wird Ihnen mehr Glaubwürdigkeit und Erfolg einbringen, als wenn Sie mit einem Sportwagen rumfahren, nicht wissen, mit welchem Geld Sie den Tank füllen sollen, aber „obercool" jemand ansprechen, so nach dem Motto: *„Meine Frau macht da so was, das kannst du dir ja mal anschauen…"*.

Sie werden nicht authentisch sein und damit wenig Erfolg haben. Wie gesagt, es geht nicht darum, was wir **SAGEN**, sondern, was wir **SIND**. Unsere Umwelt bemerkt das und es wäre nicht das erste Mal, dass Freunde erst neugierig werden, wenn sie die Veränderung bemerkt haben.

Auch unser Äußeres spielt dabei eine Rolle. „Für den ersten Eindruck gibt es keine zweite Chance." Ich habe vor einigen Jahren einen Satz gelesen, der in etwa diesen Sinn hatte:

„Du musst dein Äußeres so angenehm gestalten, dass der andere mit dem ersten Blick so lange bei dir verweilt um zu erkennen, dass da auch auf den zweiten Blick ein wertvoller Mensch dahinter steckt.“

Deshalb müssen wir uns gleich zu Beginn die Frage stellen: Mache ich auf andere Menschen den Eindruck, den ich gerne machen würde? Eines ist ganz klar: Wir können nicht **NICHT** wirken! Entweder wir wirken positiv – oder eben negativ! Im Grunde genommen versteht sich das von selbst.

Ich habe so viele in meiner Gruppe, die sagen: „*Und auch wenn ich keinen Scheck bekommen würde, hätte sich meine Zeit bereits gelohnt. Ich habe so viel gelernt…*“.

Um die Persönlichkeitsentwicklung zu fördern, bieten wir regelmäßig Seminare an, in denen es um Inspiration und Motivation geht. Wir engagieren dabei renommierte und bekannte Trainer, für deren Seminare sich die Kosten normalerweise im Bereich zwischen 100 und 1000 Euro pro Teilnehmer bewegen. Durch unsere Gruppengröße von 500 bis 2500 Teilnehmern und die Tatsache, dass wir nicht gewinnorientiert arbeiten müssen, können wir die Kosten sehr gering halten.

Ich spreche in meinen Seminaren gerne über die verschiedenen Arten des Glaubens oder auch Vertrauens, die in unserem Geschäft notwendig sind. Der erste Glaube ist der an Ihren Sponsor. Wenn Sie der Person, die Ihnen das Geschäft vorstellt, nicht trauen, oder wenn Ihnen diese nicht sympathisch ist, wird es sowieso nichts.

Der nächste ist der Glaube an die Produkte. Ganz wichtig. So wichtig, dass ich das Thema später noch einmal aufgreife. Der wichtigste Glaube – und das ist der, wo es am meisten klemmt, ist der Glaube an sich selbst. Das ist ein Grund, warum wir Seminare zur Persönlichkeitsentwicklung anbieten. Die persönliche Entwicklung unserer Partner ist uns sehr wichtig. Bereits für 15 oder 20 Euro können Sie bei uns ein Top-Seminar zur Persönlichkeitsentwicklung besuchen. Die Chance, zu diesen Preisen an solche Seminare zu gelangen, sind wohl einmalig.

Abgesehen davon, dass diese Seminare unserer eigenen Überzeugung und unserem eigenen Bauchgefühl gut tun, haben wir mit diesen Seminaren auch die Möglichkeit, unsere Familie und Freunde dazu einzuladen, und ihnen damit einen kleinen Einblick in unser Team zu geben. Glauben Sie mir, das wird sich immer lohnen. Unsere Gäste spüren, dass es sich hier um etwas Besonderes handelt.

Nachstehend ein paar begeisterte Rückmeldungen aus unserem internen Mitgliederbereich im Internet, wie wir sie nach jedem Seminar bekommen.

Hallo liebe Upline,

meine Downline und ich möchten uns als erstes ganz herzlich für dieses geniale Seminar bedanken. Nicht jeder hat 980 Euro locker und wir danken es sehr, diese Chance für 15 Euro wahrnehmen zu dürfen. Es war eines der besten Seminare!

Ich bin völlig aus dem Häuschen! Ich bin glücklich, denn meine Neue hat sofort noch am gleichen Abend angefangen und am Sonntag hatte ich noch Erstinfotermine mit meiner Downline.

Liebe Grüße, Tanja K.

Hallo Gabi,

wir waren heute mit 17 lieben Menschen in Pforzheim. Die Hälfte davon ist noch nicht in unserer Downline. Einige haben heute schon den Entschluss gefasst, unsere Partner werden zu wollen.

Liebe Grüsse, Ingrid + Michael

Lieber Dirk,

zuerst möchte ich mich sehr für diesen wunderbaren Tag bedanken. Für mich lag in diesem Tag ein ganz besonderes Geschenk. Meine beiden Kinder, Moritz 16 und Lea 15, waren mit dabei, haben gelacht und geklatscht und fanden den Tag toll. Ein größeres Geschenk hätte ich nicht bekommen können.

Dafür bedanke ich mich aus der Tiefe meines Herzens!

Grüsse, Annette P.

Etwas Sinnvolles tun

Was ist, wenn jemand kein Geld braucht und alle Zeit der Welt hat? Nun, vielleicht will er oder sie noch etwas Sinnvolles tun?

Meine materiellen Ziele sind abgearbeitet. Wir leben in einem wunderschönen Haus im schwäbischen Wald und wenn möglich, oder wenn das Wetter schlecht ist, verbringen wir unsere Zeit auf Mallorca. Mein Traumwagen steht in der Garage und ich kann schon längst darauf verzichten, in einer Boutique auf die Preisschilder zu schauen. Ich bin bald an dem Punkt, dass ich so viel Geld auf die Seite gelegt haben werde, wie wir für den Rest unseres Lebens brauchen werden. Und der monatliche Scheck kommt trotzdem!

Ich habe meine große Lebensvision. Das Buch „Ihr erstes Jahr im Network Marketing“ von Mark und Rene Reid Yarnell hat mir dazu einen wichtigen

Impuls gegeben:

„Network ist kein Beruf, sondern eine Möglichkeit die Dinge zu tun, die du tun willst in deinem Leben."

Die Yarnells haben sich dem Thema Afrika verschrieben. Sie schreiben in ihrem Buch, dass es 5 Millionen Aidswaisen in Afrika gibt, um die sich niemand kümmert: *„In der Tat gibt es dringendere Dinge, als übermäßig reich zu werden. Und wir im Network Marketing haben das Geld und die zeitliche Unabhängigkeit, um etwas zu ändern."*

Kürzlich habe ich einen Bericht im Radio gehört, dass es heute bereits 18 Millionen sind! Das Thema hat mich sehr inspiriert und seit mein Gehirn darauf programmiert ist, kommen jede Menge Gelegenheiten auf mich zu. Zum Beispiel in Form von Menschen, die bereits ein Hilfsprojekt realisiert haben.

Mein Sohn Tim war sechs Monate zur Ausbildung als Entwicklungshelfer in Dänemark und ist im Moment in Afrika, um dort Entwicklungshilfe zu leisten. Meine Vision ist, dass er dort eine Organisation findet, und in Zukunft vielleicht auch leitet, die ich dann unterstützen kann. Mein Weg wird in diese Richtung gehen. Viele denken, solche Einzelaktionen würden wenig bringen. Da bin ich anderer Meinung. Ich habe im Empfehlungsmarketing gelernt:

Wenn jeder das Wenige tut, was ihm möglich ist, dann kommen wir alle zusammen ein großes Stück weiter.

Haben Sie schon mal die Geschichte von den Seesternen gehört?

„Ein Junge ging mit seinem Großvater an den Strand. Dort sahen sie, dass Abertausende von Seesternen an den Strand gespült waren und jetzt in der Sonne austrockneten. Der Junge fing an, einen Seestern nach dem anderen zurück ins Wasser zu tragen. Worauf der Großvater zu ihm sagte: „Junge, was machst du denn da? Es sind so viele da, es macht doch keinen Unterschied, wenn du davon ein paar zurückbringst!" Der Junge nahm einen Seestern in die Hand, zeigte ihn seinem Großvater und sagte: „Für den hier macht es einen Unterschied!"

Unter Menschen kommen

Können Sie sich vorstellen, wie viele Menschen abends ausgehen in der Hoffnung, irgendwo ein vernünftiges Gespräch führen zu können (ich weiß das, ich war acht Jahre Single!)?

Es gibt viele Menschen, die sich langweilen. Auch auf Mallorca gibt es viele Menschen, die in ihren Villen leben, denen es aber so langweilig ist, weil sie nicht wissen, was sie mit ihrer Zeit anfangen können. Empfehlungsmarketing ist eine Gelegenheit, mit vielen und vor allem mit besonderen Menschen zusammenzukommen. Wer schon einmal auf einem Event von uns war, der weiß, was ich meine.

Offene Menschen, die gelernt haben, dass Vorurteil „Urteil vor Kenntnis" bedeutet, und die neuen Dingen gegenüber aufgeschlossen sind. Viele haben schon einige Hürden genommen und dadurch ihren Horizont erweitert.

Rentenaufbesserung

Kürzlich habe ich gelesen, dass von 100 Menschen mit 65 Jahren nur 1% finanziell gut abgesichert ist. Was ist mit den anderen?

Nun, 3% arbeiten noch, 4% haben eine ausreichend hohe Rente, 29% sind schon tot und 63% sind von sozialen Einrichtungen, Freunden oder der Familie abhängig. Denken Sie, dass sich das in Zukunft ändern wird?

Wer heute unter Fünfzig ist und glaubt, dass seine Rente ihm noch ein Leben in Würde ermöglichen wird, der irrt.

Empfehlungsmarketing ist heute zur richtigen Zeit am richtigen Platz. Sie erinnern sich an Don Faillas Frage: *„Was wäre, wenn Sie Ihre Raten für Haus und Auto bezahlt hätten und obendrein jeden Monat 5000 Euro auf die Hand bekommen würden? Wie viel Geld müssten Sie auf der Bank haben, um diesen Betrag an Zinsen zu erhalten?"*

Ich habe nachgerechnet: bei 5% Zinsen, die ja schon sehr positiv gedacht sind, bräuchten Sie immerhin 1.200.000 Euro!

In Hinsicht auf die kleineren „Rentenlöcher" möchte ich dieses Beispiel nochmals aufgreifen: Was glauben Sie, müssten Sie sparen und auf der Bank liegen haben, um nur 400 Euro monatlich an Zinsen zu bekommen? Also eine Summe, die manche Rente nett aufpolstern würde? Immerhin noch 96.000 Euro! Wer kann heute schon 96.000 Euro auf die Bank bringen? Und wie einfach ist es dagegen, 400 Euro passives Einkommen im Empfehlungsmarketing zu erreichen!

Ausbildung der Kinder

Ich hätte früher nie gedacht, dass dieses Thema jemals eine so große Rolle in meinem Leben spielen würde. Mir ist erst jetzt bewusst geworden, wie wichtig es ist. Mein Sohn hat seine Lehrstelle verloren. Leider kann man sich auch mit Geld keine kaufen. Nun ist er, wie ich Ihnen ja schon erzählte, in Afrika, um dort als Entwicklungshelfer zu arbeiten. Bei humanitären Tätigkeiten wird kein Geld verdient – im Gegenteil – man muss dafür bezahlen, dass man umsonst arbeiten darf. Flug, Unterkunft, Verpflegung, Taschengeld usw. Ich bin sehr glücklich, dass ich durch meinen Beruf in der Lage bin, ihm dies zu finanzieren.

Mehr Haushaltsgeld

Sehr stolz bin ich auf die vielen – teilweise auch allein erziehenden – Mütter, die dank ihrer Arbeit im Empfehlungsmarketing ihren Budgetplan aufbessern konnten. Auch ich musste damals überlegen, ob in dem Monat ein paar neue Turnschuhe drin waren (für diejenigen, die keine Kinder haben: Sie glauben gar nicht, was solche Teile kosten!), oder ob ich bis nächsten Monat warten musste. Auch mir wuchs mein Sohn manchmal einfach zu schnell aus den Sachen heraus.

200 Euro oder 300 Euro monatlicher Mehrverdienst können hier schon eine extreme Entlastung sein. Und wenn dieses kleine Ziel erst einmal erreicht ist, kann man es ja auch erhöhen! Ich bin sehr froh, dass ich heute nicht mehr selbst putzen und bügeln muss.

Ich möchte Ihnen an dieser Stelle einen Brief zeigen, den ich kürzlich erhalten habe. Er kam von einer allein erziehenden Mutter mit sechs Kindern:

> Liebe Gabi,
>
> Ich muss Dir jetzt einfach mal ein paar Zeilen schreiben, was ich so auf dem Herzen habe.
>
> Ich weiß, dass dieses Geschäft für mich die beste Möglichkeit ist, mir und meinen Kindern eine schönere Zukunft zu ermöglichen. Endlich haben meine Kinder eine Perspektive für ihr Leben. Auch weil sie sehen, wie ich mich persönlich weiterentwickelt habe.
>
> Eine Zukunft habe ich für uns nicht mehr gesehen... und wenn, dann eine in Abhängigkeit vom Sozialamt. Und meine Kinder wären die nächste Generation von Sozialhilfeempfängern geworden.
>
> Bevor mein Ex uns vor drei Jahren verlassen hat (25 Jahre Ehe und 6 Kinder im Alter von jetzt 28, 17, 15, 13, 10 und 7), hat das Geld schon nicht gereicht, um irgendwelche Extra-Wünsche zu erfüllen, geschweige denn mal einen Urlaub mit den Kindern zu machen.
>
> Nach der Trennung wurde es dann richtig eng. Ein zweites Paar Turnschuhe für den Sportunterricht in der Schule zu kaufen war einfach unmöglich. Und das hat mir sehr wehgetan, zu sehen,

auf was meine Kinder alles verzichten mussten.

Das Sozialamt teilte mir mit, dass ich, wenn ich laufende Leistungen beziehen will, auf ein Auto verzichten müsse. Einkaufen wäre dann schon zur tagesfüllenden Beschäftigung geworden. Außerdem verlangten sie dann auch noch eine Sicherungshypothek auf unser kleines altes Haus. Und wenn ich das alles nicht wollte, müsse ich gemeinnützige Arbeit verrichten.

Also verzichtete ich auf Leistungen vom Sozialamt und schrubbte für 5 Euro pro Stunde im Hotel Zimmer und Bäder im Akkord. Wenn ich dann mittags so um 15 Uhr nach Hause kam, ging es dort ja noch weiter. Ich war körperlich und seelisch ein Wrack und musste meine Kinder vernachlässigen.

In dieser schlimmsten Zeit lernte ich dann dieses Unternehmen kennen und wusste, ich baue mir damit eine Zukunft auf und bleibe frei!

Ich weiß, dass es mir nicht alleine so geht. Ich will einfach anderen Menschen in ähnlicher Situation zeigen, dass das, was ich als allein Erziehende mit 5 Kindern kann, auch für sie möglich ist.

Die drei jüngsten Kinder im Alter von 7, 10 und 13 bringe ich mit zum Sommerfest, um ihnen zu zeigen, was das Leben noch für uns bereithält, und als Belohnung dafür, dass ich abends beruhigt mein Geschäft aufbauen kann.

Vielen Dank, dass Du an uns glaubst. Auch im Namen meiner Downline.

Wir wissen Dein ehrliches Interesse an unserem Wachstum zu schätzen und sehen es nicht als selbstverständlich an.

Liebe Grüße von den Saarländern…

G.

Dieser Brief enthält viele Gründe für die Geschäftsidee. Briefe wie diesen lege ich ab in meinem „Erfolgsordner“. Der ist schon ziemlich dick. Und jedes Mal, wenn es mir nicht so gut geht, schaue ich hinein…. Sie glauben gar nicht, wie mich das motiviert. Briefe wie dieser sind auch der Grund dafür, dass ich nicht aufhören will und kann. Ich wünsche mir, dass Sie auch einen solchen bekommen.

Was wäre Ihr Grund? Was ist Ihr persönliches WARUM?

- Sie möchten Karriere und Familie miteinander verbinden?
- Sie wollen einfach mal einkaufen gehen, ohne jemandem Rechenschaft ablegen zu müssen?
- Sie mögen Ihre Arbeit und Ihren Chef nicht allzu sehr?
- Sie verdienen bereits genug Geld, haben aber leider keine Zeit es auszugeben oder keine Zeit für Familie, Kinder, Kirche, Sport oder was auch immer…?
- Sie gehen durch Ihren bisherigen Beruf bereits dem Herzinfarkt oder der

Ehescheidung entgegen?

- Sie möchten etwas mehr Anerkennung für die Arbeit, die Sie leisten?
- Ihr Unternehmen steht kurz vor dem „Aus"?
- Sie haben als Frau zwar einen guten Beruf erlernt, jedoch – bedingt durch Kinder und Familie – keine Chance Karriere zu machen?

Die Entwicklung im Network Marketing

Als ich vor elf Jahren in dieser Branche anfing, war Network Marketing eine Art Stiefkind und ich bin sehr glücklich, dass dieser Geschäftszweig sich immer mehr einer Akzeptanz erfreut, die nicht zuletzt auf die allgemeine wirtschaftliche Situation zurückzuführen ist. Das gilt besonders für das reine Empfehlungsmarketing, wie wir es praktizieren.

Wie Strachowitz sagt: *„Es schaut nicht gut aus, deshalb schaut's gut aus"*. Was heißen will, dass unsere Branche immer dann Boom-Phasen hat, wenn die allgemeine wirtschaftliche Situation sich eher in die andere Richtung entwickelt.

Heute gibt es immer mehr Institutionen, wie z.B. die Fachhochschule Worms, die unter Leitung von Prof. Zacharias im Moment, also im Jahr 2004, die erste Studie über Network Marketing in Deutschland in Auftrag gegeben hat. Es gibt mittlerweile auch einzelne Industrie- und Handelskammern (IHK), die sich mit dem Thema beschäftigen und die Existenzgründern dieses neue Geschäftskonzept empfehlen. Nicht zuletzt dadurch gewinnt Network Marketing langsam aber sicher den Status und die Anerkennung, die dieser Branche schon lange zustehen.

Ungern gebe ich zu, dass uns da die Österreicher weit voraus sind. Die Österreichische Wirtschaftskammer hat schon vor längerer Zeit eine sehr umfangreiche und interessante Informationsbroschüre über Direktvertrieb und Network Marketing herausgegeben!

Network Marketing erfreut sich seit Jahren ungebremsten Wachstums. Waren es vor 30 Jahren noch eine handvoll Unternehmen, so sind es heute nach Schätzungen rund 100 Unternehmen alleine in Deutschland. Immer wieder versuchen sich Unternehmen am Markt, unterschätzen aber die Schwierigkeiten, die im

Aufbau eines funktionierenden Network Marketing Unternehmens stecken und verschwinden dann wieder. Nachdenklich muss stimmen, dass der Markt nach wie vor amerikanisch bestimmt ist, weil die Amerikaner einfach die längste Erfahrung haben. Franchise wurde ja nun auch in den ersten Jahren belächelt und heute ist es aus unserer Wirtschaft nicht mehr wegzudenken. In den Fußgängerzonen oder Shopping-Centers der großen Städte sieht man immer dieselben Läden – es handelt sich meist um Franchise-Firmen. Franchise hat sich durchgesetzt und ist nach wie vor ein Erfolgsmodell, das aber mit immensen Einstiegs- und laufenden Kosten verbunden ist, was wiederum von vornherein verhindert, dass jedermann einsteigen kann.

Anders beim Network Marketing. Das Prinzip ist jedoch ähnlich: In einer Erprobungsphase wird das Mustergeschäft zum Laufen gebracht, die Vorgehensweise wird standardisiert, im Idealfallfall auch dokumentiert und damit steht einer weiteren Duplizierung nichts mehr im Wege. Nur ohne die horrenden Kosten und Gebühren.

Network Marketing ist aus wirtschaftlichen, sozialen und gesellschaftlichen Gründen interessant. Lassen Sie uns gemeinsam drüber nachdenken, warum das so ist!

Sicherer Arbeitsplatz

Der sichere Arbeitsplatz, wie wir ihn kennen, ist ein „Auslaufmodell". Zukunftsforscher (und auch „Mister Strachowitz", den ich gerade in der Leitung hatte und interviewte) meinen, die Unternehmen werden künftig nur eine Rumpfmannschaft fest anstellen und alle anderen Tätigkeiten werden von freiberuflichen und rechtlich unabhängigen Kleinunternehmern übernommen. Der Arbeitnehmer der Zukunft ist ein kleiner Unternehmer.

Erste Anzeichen: Förderung der „Ich-AG" oder Überbrückungsgelder für Leute, die sich selbständig machen wollen. Die daraus resultierenden Einkommen sind allerdings linear, das bedeutet, der Selbständige häuft Stunde auf Stunde an, und bekommt dafür ein bestimmtes Honorar. Sein Einkommen ist durch den Faktor Zeit begrenzt und nicht duplizierbar. Hier bietet Network Marketing den entscheidenden Vorteil:

Richtig betrieben kann sich im Network Marketing und speziell im Empfehlungsmarketing der Vertriebspartner selbst duplizieren und erreicht so Einkommen oder Größenordnungen, die auf linearem Weg nie zu erreichen wären!

Insolvenzen

Im Jahre 2003 mussten in Deutschland 40.000 Insolvenzen angemeldet werden. Darunter befanden sich sowohl hoffnungsfrohe Neustarter als auch traditionsreiche Unternehmen. Das alles ist eine Folge der restriktiven Kreditpolitik der Banken, der überbordenden Kostenstruktur der Unternehmen, bedingt durch Steuer- und Abgabenpolitik und extrem hohen Arbeitskosten. Das Modell Deutschland, wie es unsere Eltern kannten, funktioniert nicht mehr.

Renten in Gefahr

Erschwert wird die Lage durch die demographische Situation – die Menschen werden immer älter, und sprengen so die Berechnungen der Rentenkassen. Dieses Thema kann ich etwas abkürzen. Die Details darüber lesen Sie täglich in der Zeitung.

Karl Pilsl, ein bekannter Wirtschaftsforscher, schreibt in seinem Buch „Die Naturkonforme Strategie“:

„Wenn heutzutage ein junger Mann oder eine junge Dame nach dem Abitur in eine so genannte Network Marketing-Academy gehen würde und während des Studiums (z.B. vier Jahre lang) nebenbei vollzeitig mit einem guten und bewährten Unternehmen sein/ihr Network als „Training on the Job“ aufbaut, dann kann er/sie nach vier Jahren mit Pensionsanspruch graduieren.“

Wäre das nicht fantastisch? Ich habe gerade in letzter Zeit immer wieder sehr junge Leute bei den Trainings und ich beneide sie um die Chance, diese Gelegenheit bereits in jungen Jahren kennen gelernt zu haben.

Nebeneinkommen

Jeder entscheidet selbst, ob er daraus ein Nebeneinkommen macht oder ob er ein wirklich großes, passives Einkommen anstrebt. Ich möchte nur, dass Sie wissen, dass das zwei verschiedene Zugangswege sind. Der Unterschied liegt in der Anzahl der Kontakte, die wir machen. Ab und zu höre ich das Argument: *„Es verdienen ja nicht alle das große Geld!“* Da kann ich nur zustimmen. Nur mit dem einzigen, kleinen Unterschied: hier **hätte** jeder die Chance, erfolgreich zu werden bzw. das große Geld zu verdienen, aber natürlich ist nicht jeder bereit, die Dinge zu tun, die dafür notwendig sind!

An dieser Stelle möchte ich gleichzeitig betonen, dass es für mich genauso ehrenvoll ist, wenn jemand sein 250 Euro Rentenloch aufbessern möchte, wie jemand, der finanzielle Unabhängigkeit erreichen will. Wir dürfen nicht vergessen, dass die vielen kleineren, typischen Einkommen von 500 Euro **nebenberuflich**, häufig schon eine Verdoppelung des verfügbaren Haushaltseinkommens darstellen können. Jim Rohn – ein bekannter Philosoph und Network Trainer – schreibt über die „Magie des Nebeneinkommens“:

> **„Wenn jemand 1000 Euro mehr in seinem Beruf verdient, interessiert das niemanden. Aber die Möglichkeit, 1000 Euro nebenher zu verdienen, hat dagegen eine große Anziehung.“**

Haben Sie schon mal darüber nachgedacht, wie genial die Möglichkeit ist, sich ein zweites Einkommen aufzubauen, ohne die Sicherheit des bestehenden Einkommens aufgeben zu müssen?

Begriffsdefinitionen

Emotionen spielen in unserem Geschäft eine wichtige Rolle. Trotzdem möchte ich zum besseren Verständnis einfach auch ein paar Begriffe erklären, die (man verzeihe es mir) vielleicht etwas trockener sind.

Während ich diesen Absatz schreibe, komme ich in Erklärungsnot – Network Marketing, Empfehlungsmarketing, MLM, Multi-Level, Direktverkauf, Direktvertrieb – wie erkläre ich die Begriffe so, dass sie stimmen, und dass es jeder versteht?

Jetzt musste wieder „Mister Strachowitz“ her – schließlich hat er fast 30 Jahre Erfahrung in unserer Branche auf dem Buckel und ist damit das älteste, mir bekannte, „Network-Fossil“.

Wir haben lange über dieses Thema geredet und das einzige, was ich nun sicher weiß, ist, dass es keine hundertprozentigen Begriffsbestimmungen gibt. Es gibt zu viele verschiedene Begriffe, die jeder anders versteht. Und einige sind so abgenutzt – vielleicht auch durch nicht ganz seriöse Vertreter der Branche – dass man sie besser nicht mehr verwendet (wie z.B. Strukturvertrieb). Deshalb werden immer wieder neue Begriffe, wie z.B. Access-Marketing oder Team-Marketing, erfunden. Vielleicht wird es noch einen neuen Begriff geben, bis Sie dieses Buch in die Hand bekommen?

Ganz sicher ist, dass Network Marketing bedeutet: „Kumulation von Kleinstumsätzen."

Den halben Nachmittag habe ich nun mit der Überlegung verbracht, wie ich das Thema fruchtbar beenden soll. Zu guter Letzt habe ich mich entschlossen, Ihnen **unsere** Begriffsdefinitionen zu geben. Mit „uns" meine ich das „Eagle-Team-International". Das ist ein Zusammenschluß vieler Führungskräfte und Partner aus meinem Team, die eine einheitliche Philosophie leben. Darüber berichte ich ausführlich an anderer Stelle. Ich erhebe für die folgenden Erklärungen ausdrücklich keinerlei Anspruch auf **allgemeine** Gültigkeit!

Network Marketing

Wir verstehen Network Marketing als eine besondere Vertriebsform, um Waren unter Umgehung des örtlichen Einzelhandels, vom Hersteller zum Kunden zu bewegen. Im Network Marketing werden Provisionen für die Unterstützung beim Organisationsaufbau (das bedeutet, das Sponsern von weiteren Personen, die dasselbe tun) meist in verschiedenen Ebenen („Levels") ausgeschüttet. Deswegen spricht man auch von „Multi-Level-Marketing".

Die meisten Firmen, die als Vertriebsform für ihre Produkte das „Multi-Level-Marketing" gewählt haben, sind eine Mischform aus Network Marketing und Direktverkauf, das heißt, ein Teil der Provisionen fließt in den Direktverkauf.

Direktverkauf

Beim Direktverkauf kauft der Berater Ware mit Rabatt ein und verkauft diese dann an den Endverbraucher weiter. Sein Verdienst liegt in der Spanne zwischen Einkaufspreis und Verkaufspreis.

Qualifikationsvolumen

Die Menge an Produkten, die ein Berater monatlich beim Unternehmen umsetzen muss, um die Provisionen für die Unterstützungsleistung bei Organisationsaufbau (also fürs Networking) ausbezahlt zu bekommen, nennt man Qualifikationsvolumen.

Sponsern

Das Gewinnen neuer Partner nennt man „Sponsern“ (unterstützen). Derjenige, der Ihnen die Gelegenheit erfolgreich vorgestellt hat, ist ihr Sponsor.

Upline

Ihre Upline sind die Menschen, die in der Linie vor Ihnen da waren, also ihr Sponsor, der Sponsor ihres Sponsors und so weiter..., bis ganz nach oben.

Downline

Ihre Downline besteht aus den Menschen, die Sie ins Geschäft gebracht haben und den Menschen, die diese ins Geschäft gebracht haben und so weiter. Die Höhe Ihres monatlichen Einkommens wird ausschliesslich durch die Größe und Aktivität Ihrer Downline bestimmt.

Sideline

Zu Ihrer Sideline gehören all diejenigen, die zwar im gleichen Partner-Unternehmen arbeiten wie Sie, aber weder in Ihrer Upline noch in Ihrer Downline sind.

Empfehlungsmarketing

Wir verstehen das reine Empfehlungsmarketing als eine Form des Network Marketings, in der das Qualifikationsvolumen im Allgemeinen so gering ist, dass es jeder lediglich durch die Deckung seines persönlichen Bedarfes erreichen kann (denken wir an die Tankfüllung!). Jeder kann durch die Weiterempfehlung dieses Konzepts oder dieser Idee sein eigenes Netzwerk aufbauen, ohne dabei jemals verkaufen zu müssen. Und obwohl niemand verkaufen muss, entstehen Umsätze für das Unternehmen, die es ermöglichen, dass Provisionen in verschiedenen Ebenen ausbezahlt werden können.

Das eigentlich Großartige an dieser reinen Form des Empfehlungsmarketings ist, dass man sich mit einem Produkt, das man im besten Fall sowieso braucht und das sich monatlich verbraucht, ein stabiles und vor allem „passives“ oder selbsttätiges Einkommen aufbauen kann. Im nächsten Kapitel finden Sie hierfür ein paar Zahlenbeispiele.

Sie wissen jetzt um die Wichtigkeit, unserem neuen Interessenten die Unterschiede zwischen Einzelhandel, Direktverkauf und Empfehlungsmarketing zu erklären. In unserem System trennen wir die **Vorinformation** von der **Kataloginformation**. Beide Systeme sind die Kernpunkte unserer Präsentation. Und wie gesagt, es handelt sich um den Rahmen – der Inhalt dazu hängt von unserem jeweiligen Gegenüber ab. Wenn ich zum Beispiel jemanden vor mir habe, der den Direktverkauf kennt und das absolut nicht mehr machen möchte, dann gehe ich auf diesen Punkt natürlich umfangreicher ein, als wenn jemand zum ersten Mal überhaupt Kontakt mit unserer Branche hat.

Vorinformation

An dieser Stelle möchte ich nochmals ausdrücklich erwähnen, dass ich diese Vorinformation **nur** mache, wenn ich einen „guten Draht" zum Interessenten gefunden habe. Ich persönlich ziehe das Gespräch mit einem einzelnen Interessenten vor, weil ich mich dann zu hundert Prozent auf diesen Menschen konzentrieren kann. Ich bemerke, wo er noch mehr Erklärung wünscht und ich kann sofort stoppen, wenn ich eine negative Reaktion bei meinem Gegenüber bemerke.

Oft bin ich auch zur Unterstützung mit den Freunden meiner Partner zusammen. Auch da ist es für mich elementar, zuerst den „Boden zu ebnen". Ich erzähle meine Geschichte, stelle Fragen und interessiere mich für den Menschen.

Bei der Vorinformation geht es lediglich um ein **Beispiel**, wie Empfehlungsmarketing generell funktioniert. Das heißt, die Zahlen sind rund gehalten. Das Ziel ist es, Empfehlungsmarketing **einfach** zu erklären und herauszufinden, ob unser Gesprächspartner generell an diesem Vertriebsweg interessiert ist. Dazu können wir in der Vorinfo mit Hilfe von einfachen Zeichnungen erklären, wie Waren bewegt werden (Sie erkennen das Gerüst aus der Tankstellengeschichte?).

Wie werden Waren bewegt?

Wenn Sie ein bestimmtes Produkt benötigen, gehen sie in der Regel in ein Geschäft. Das heißt, Sie nutzen den Einzelhandel.

Einzelhandel

Als Kunde zahlen Sie den dort üblichen Ladenpreis, also 100%. Je nach Produkt, erhält der Hersteller davon zwischen 15% und 30%. Gehen wir in unserem Beispiel einfach von 30% aus:

Wie man in der Grafik sehen kann, fließt der größte Teil, nämlich 70%, in den Vertriebsweg. So zum Beispiel in die Werbung, den Großhandel, den Zwischenhandel und den Einzelhandel. Die Ladenmiete und das Gehalt der Angestellten müssen bezahlt werden, egal ob der Umsatz fällt oder steigt. Viele Selbständige kennen das Problem und leiden – besonders im Moment – darunter.

Direktverkauf

Eine weitere Möglichkeit Waren zum Verbraucher zu bewegen, ist der Direktverkauf. Im Direktverkauf kauft ein Berater Waren mit Rabatt beim Hersteller ein. Meistens finanziert er die Waren vor und hält sie auf Lager. Sein Verdienst entsteht dadurch, dass er sich seine Kunden sucht und diesen die Produkte verkauft. Der Berater erhält in der Regel zwischen 30% und 50% Rabatt. Gehen wir in unserem Beispiel einfach von einem Durchschnittswert von 40% aus.

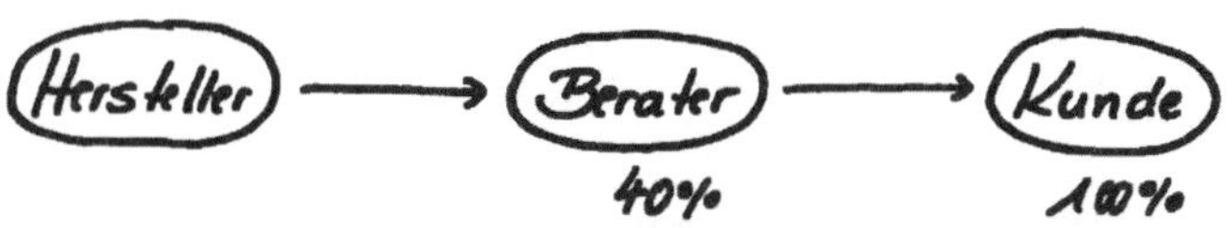

Entscheidend ist aber, dass dieser Berater ein absoluter Produktfachmann sein sollte, um eine umfangreiche Beratung machen zu können. Er muss sämtliche Details zu den Produkten kennen. Er muss jeden Monat wieder neu anfangen um Kunden zu finden, denen er seine Produkte verkauft. Außerdem muß er immer wieder neue Kunden finden. Daher ist er durch den Zeitfaktor begrenzt. Im Klartext heißt das: er tauscht Zeit gegen Geld.

Empfehlungsmarketing

Empfehlungsmarketing ist etwas völlig anderes. Und ob es Ihnen klar ist oder nicht: **Sie betreiben es bereits**. Aber höchstwahrscheinlich werden Sie noch nicht dafür bezahlt. Wenn Sie einen tollen Kinofilm gesehen, oder ein spannendes Buch gelesen, sehr gut in einem Restaurant gegessen haben, oder mit einem Produkt zufrieden waren, dann ist es das normalste der Welt, dass Sie Ihren Freunden und Bekannten davon erzählen. Ohne Hintergrundwissen und **ohne zu üben**!

Ich stelle immer gerne die Frage an meine neuen Partner: „Hast du schon mal einen Kinofilm von zwei Stunden Länge empfohlen und darüber erzählt?“ Alle haben das natürlich schon.... Dann frage ich: ***„Wie lange hast du dafür geübt?“.***

Wenn Sie einen Kinofilm weiterempfehlen, kennen Sie vermutlich nicht sämtliche Schauspieler, wissen weder über die Produktionskosten Bescheid, noch wer für die Maske oder das Drehbuch verantwortlich war. Der Film hat Ihnen gefallen, Sie haben gelacht oder waren berührt. Und das erzählen Sie Ihren Freunden. Und aufgrund Ihrer Empfehlung gehen diese hin oder auch nicht! Machen Sie sich darüber Gedanken?

In einem Buch von Mark und Rene Yarnell gibt es zu diesem Thema eine Passage, die für mich richtungweisend war und aufgrund derer ich einiges in unserem System geändert habe:

„Was würden Sie aber sagen, wenn Sie ein guter Freund anriefe und sagen würde: Hallo, ich bin's. Ich habe hier eine Frau am Telefon, die mir letzte Woche einen Film nahe gebracht hat. Wir haben ihn uns angesehen und er hat uns so gut gefallen, dass wir dich angerufen haben. Sprich doch mal mit ihr, sie ist am Apparat, um jede Frage zum Film zu beantworten, weil sie ihn schon öfters gesehen hat als ich.“

Sie verstehen, was ich meine? Genauso unnatürlich empfinde ich es, wenn ich meine Freunde in das „Gasthaus zum schmalen Handtuch“ einladen würde, um ihnen den Inhalt des Films zu erzählen – oder drucke ich gar ein Flugblatt oder eine Broschüre mit den Worten: *„Ich habe einen tollen Film gesehen!“*?

Für mich sollte eine Mund-zu-Mund-Empfehlung genau das sein: Eine Empfehlung an einen Freund, deswegen total glaubwürdig und das Normalste der Welt. Wir empfehlen zur Unterstützung und um Interesse zu wecken unter anderem einige **neutrale** CDs von teilweise sehr bekannten Persönlichkeiten, wie z.B. Robert Kiyosaki oder Brian Tracy, die sehr ausführlich und unabhängig über Empfehlungsmarketing sprechen. Diese CDs als Werkzeuge oder so genannte „Tools“

sind für jeden geeignet und haben verschiedene Vorteile:

1. Sie erzählen **neutral** über die Branche und sind Firmen unabhängig.
2. Jeder kann eine CD weitergeben, das macht dieses Werkzeug total duplizierbar – einer der wichtigsten Punkte im Empfehlungsmarketing.
3. Sie versetzen auch den Allerschüchternsten in die Lage, nach einem kurzen Gespräch bzw. nach dem Erzählen seiner Geschichte, jemanden über die Natur des Empfehlungsmarketings zu informieren.

Eine Liste der aktuellen Werkzeuge erhalten Sie beim Startertraining von Ihrem Sponsor, oder Sie können sich diese in unserem Mitgliederbereich herunter laden. Auf dieser Webseite finden die Partner des Eagle-Team-International alles Wichtige, was sie zu Ihrer Unterstützung brauchen.

Unterstützung durch die Upline

Ich denke, die Upline-Unterstützung ist wichtig, sehr wichtig sogar, nachdem die Neuen „den **Film**" gesehen haben, bzw. nachdem sie die Präsentation gehört oder gesehen haben. Das ist einer der Gründe dafür, dass das Gespräch so einfach gehalten werden muss, damit sich jeder zutraut, dies auch zu können.

Wir haben zu diesem Zeitpunkt auch eine eigene CD, die das System des Eagle-Team-International einfach erklärt. Hierbei handelt es sich um ein Werkzeug zur **Ausbildung**. Bei mir geht keiner ohne diese CD nach Hause. Ich weiß inzwischen, dass schon viele Neue daran gescheitert sind, dass sie am Anfang ohne Begeisterung und ohne Überzeugung **versucht** haben, ihrem Ehe- oder Lebenspartner die Möglichkeit zu erklären und damit auf die Nase gefallen sind. Stellen Sie sich vor, in diesem Fall hat die **Meinung** eines einzelnen Menschen die Karriere eines potenziellen Geschäftspartners zerstört!

Obwohl diese CD ursprünglich zur Ausbildung gedacht ist, ist es in diesem Fall besser, die CD zu benutzen, um den Partner zu informieren. Aber wie gesagt, der Inhalt dieser CD soll nur ein Rahmen sein, ein Gerüst oder eine Hilfestellung für die Sachinformationen. Letztendlich ist jedes Gespräch individuell! Und so soll es auch sein – der Mensch steht im Mittelpunkt. Am Rande erwähnt sei, dass ein erfolgreicher Networker ein Mensch ist, der weiß, warum ihm der liebe Herrgott zwei Ohren, aber nur einen Mund gegeben hat. Sie glauben gar nicht, was man alles erfährt, wenn man „aktives Zuhören" praktiziert. Oder auch „Hinhören" – ganz wie Sie wollen.

Mir sträuben sich immer die Nackenhaare, wenn mir jemand diese oder eine ähnliche Frage stellt: *„Ich treffe mich morgen mit einem Freund, der ist Architekt (oder Arzt oder was weiß ich alles...) – was würdest du denn zu dem sagen?"* Soll ich Ihnen diese Frage ehrlich beantworten? **Ich habe keinen blassen Schimmer!** Ich habe nicht die geringste Ahnung, wie die beiden zueinander stehen und welches Vertrauensverhältnis sie haben. Ich weiß nicht, welches **WARUM** der Architekt hat, ob sein Geschäft gerade gut läuft oder nicht, ob er ein positiver oder eher ein pessimistischer Mensch ist, ob er Empfehlungsmarketing kennt. Hat er Vorurteile oder nicht, kennt er bereits Vitamine oder nicht, etc. etc. etc....

Tom Schreiter – ein bekannter Network Autor – favorisiert „das Zwei-zu-Eins-Gespräch". Das bedeutet, ihr Sponsor ist anfangs mit dabei. Er schreibt:

„Die Lösung ist die Zwei-zu-Eins-Präsentation. Da unser Selbstbewusstsein nicht unter dauernder Ablehnung leidet, sind wir in der Lage, gute Präsentationen zu geben. Unser Berater muss lediglich den Termin vereinbaren, sich zurücklehnen und uns zuschauen. Das System hilft auf diese Weise, Ängste abzubauen, da sich der Berater nicht alleine mit seinem Interessenten unterhalten muss."

Weiter:

„Wir bitten ihn, ein paar Termine zu vereinbaren und uns lediglich zuzusehen, wie wir neue Berater für seine Gruppe gewinnen. Wir bauen seine Gruppe auf, während er zusieht."

Ich habe lange überlegt, ob darin ein Widerspruch steckt. Soll jetzt der Neue seine Gespräche selbst machen, oder soll das der Sponsor für ihn tun? Auch da kann ich aus meiner Erfahrung nur sagen, dass es auch hier ganz alleine von dem Menschen abhängt, den wir vor uns haben. Wichtig ist einzig und allein das Ergebnis! Und ich weiß aus meiner Erfahrung, dass gerade bei Neuen die Ergebnisse wesentlich besser sind, wenn sie ihren Sponsor nutzen. Er hat schon mehr Erfahrung und er kann auch (meistens) schon eine Abrechnung vorweisen. Ich persönlich mache kein Gespräch, ohne die Abrechnungen der ersten Monate zu zeigen. Deshalb möchte ich Ihnen dringend ans Herz legen, sich die Abrechnungen von Ihrer Upline zu besorgen, wenn Sie noch keine eigene haben. Unsere Interessenten können sich die Duplikation in der Theorie meist nicht vorstellen!

Ich möchte Ihnen sagen, wie ich vorgehe: Wenn ein neuer Partner interessiert ist, dann möchte ich so schnell wie möglich, dass er sieht, dass es funktioniert. Ich weiß, dass es diese verflixte 72-Stunden Regel gibt, und dass sie sehr zuverlässig wirkt. Diese Regel ist allgemein gültig für alle Lebensbereiche, und sie sagt aus, dass **bei allem**, was wir nicht innerhalb von 72 Stunden anpacken, rapide die Chance abnimmt, jemals verwirklicht zu werden.

Jeder hat mindestens einen Freund oder eine Freundin, von der er weiß bzw. denkt, dass er/sie geeignet wäre. Im Idealfall ist der/diejenige beim Startertraining schon dabei! Die Einladung dazu könnte wie folgt aussehen:

„Hallo Bernd, hier ist Anna. Ich sitze hier bei Gabi und habe von einer genialen Möglichkeit gehört, wie ich mir die Raten für mein Auto verdienen kann. Am Freitag habe ich ein Startertraining und ich möchte gerne, dass du dir das auch anhörst. Mir ist deine Meinung wichtig und wenn's was ist, dann können wir gleich gemeinsam beginnen."

Wenn Bernd am Freitag keine Zeit hat, dann verlegen wir den Termin auf den Zeitpunkt, den Bernd uns vorschlägt. Glauben Sie, dass Ihr bester Freund Ihnen diese Bitte versagen würde? Und wenn Bernd eine Chance für sich sieht und wir ihm wirkliche Unterstützung anbieten (das hat er ja gerade erlebt, indem ich Anna unterstützt habe) und mitmacht, dann kann das nächste Gespräch in gleicher Weise sofort mit Bernds Schwester Christa stattfinden. Vielleicht schaut Anna dann nochmals zu, vielleicht will sie aber auch selbst das Gespräch führen. Das spielt im Grunde genommen keine Rolle.

Letztendlich ist natürlich das Ziel, dass mein neuer Partner nach einer gewissen Zeit selbst in der Lage ist, die Möglichkeit zu erklären.

„Muskeln bekommt man nicht, wenn man dem Trainer beim Bodybuilding zuschaut."

Deshalb empfehle ich:

„Tue nie etwas für jemanden, was er selbst tun kann."

Wichtig ist nur, dass wir als Sponsor anfangs dabei sind und uns so davon überzeugen können, dass „er es kann". Ohne Frage wird jemand, der von Anfang an aktive Unterstützung hatte, viel erfolgreicher als jemand, der gesponsert und sich selbst überlassen wurde.

Dabei gibt es noch einen Punkt, den ich immer wieder bestätigt sehe. Es gibt keinen größeren Vorteil und keine bessere Motivation, als wenn ich sofort am Anfang „eine Kerze an meinem Hintern" habe.

Als ich im April anfing, sponserte ich sieben Personen, meist aus der Familie. Darunter Wissi, unseren Opa, meine Mutter und ein paar Freunde. Im Mai kam Lissy Schütt-Nothdurft hinzu. Wir sind zu dieser Zeit jeden Morgen eine Stunde zusammen gewalkt. Lissy war sofort begeistert. Nicht sehr diplomatisch hat sie ihrem Mann Werner spontan ihre Begeisterung am Telefon weitergeben wollen. Nun ist Werner ein sehr bodenständiger Familienvater – von Beruf Diplomingenieur – und Lissy schwärmte in den höchsten Tönen: „*Tolle Produkte... und man muss nichts verkaufen... alles super....*“, worauf Werner nur einen Kommentar abgab: „*Und das glaubst du alles?*“.

Der Haussegen hing lange schief, aber Lissy ließ sich nicht von ihrer Entscheidung abbringen, und so betrieben wir ca. einen Monat „Undercover-Networking“. Wir telefonierten mindestens fünfmal am Tag und jedes Mal, wenn Werner von der Arbeit heimkam, flüsterte Lissy leise ins Telefon: „*Ich muss auflegen, Werner kommt!*“.

Vier Wochen später habe ich mit ihm gesprochen und er war dann einverstanden. Schon eineinhalb Jahre später war er sehr glücklich, dass er seinen Beruf an den Nagel hängen konnte und sich als „Free Werner“ den Tag zu Hause mit seiner Familie einteilen konnte.

Aber zurück zu Lissy. Sie motivierte mich ohne Ende. Im Mai verbrachte ich während der Pfingstferien zwei Wochen in der Dominikanischen Republik (Das war der einzige Ort, wo Kinder bis 14 noch nichts bezahlen mussten – mein Budget war damals noch sehr klein...).

Während dieser Zeit sponserte Lissy Isolde und Ottmar aus Ettlingen, und als ich aus dem Urlaub zurückkam, bestätigte mir ein Anruf bei dem „Fast-Talk“ Infosystem unseres Partner-Unternehmens, dass ich „Bronze“ geworden bin! Das ist die erste Führungsebene in unserem Vergütungsplan! Es hat mich fast umgehauen, was Lissy mit ihrer Gruppe und meine anderen „drei Annas“ in meiner Abwesenheit fabriziert haben! Nun wusste ich sicher, dass das Geschäft funktioniert!

Kurz darauf wusste ich übrigens auch, dass die Produkte funktionieren – es gab ein Gerücht, ich wäre gar nicht in der Dominikanischen Republik gewesen, sondern hätte mich in der Zwischenzeit heimlich liften lassen!

Isolde und Ottmar waren für Lissy das, was Lissy für mich war: Beide waren zu dieser Zeit schon selbständig tätig. Isolde hatte ein Übersetzungsbüro, das ihr ein überdurchschnittliches Einkommen einbrachte. Was sie nicht hatte, war Zeit. Ottmar war seit zehn Jahren im Baugewerbe selbständig tätig. Trotz hohem zeitlichen Einsatz verdiente er weniger als ein Angestellter und steckte immer mehr Geld in den Aufbau seines Unternehmens. Die wirtschaftliche Situation wurde zusehends schwieriger, und führte sein Unternehmen in hohe Verlustzonen.

Als er 1999 die Konsequenz daraus zog und die Firma schloss, befand er sich wirtschaftlich in einer sehr angespannten Situation. Genau zu diesem Zeitpunkt begegnete den beiden das Empfehlungsmarketing; sie erkannten sofort die Riesen-Chance, und legten mit sehr großer Geschwindigkeit los. Heute „arbeiten" sie gemeinsam und genießen ihre neugewonnene Freiheit und Unabhängigkeit.

Ich kann Ihnen nur empfehlen:

Suchen Sie sich einen Menschen aus Ihrem engen Freundeskreis, mit dem Sie gerne zusammen sind und der mit Ihnen zusammen startet. Es ist ein unbezahlbarer Vorteil, von Anfang an gleich einen Motivator an seiner Seite zu haben. Der beste Motivator ist die Geschwindigkeit.

Wenn ich heute darüber nachdenke, war unsere Arbeitsweise genauso, wie sie in den Büchern als erfolgreiche Arbeitsweise beschrieben wurde:

Wir haben im Team in die **Tiefe** gearbeitet. Die Bedeutung der Tiefenarbeit ist so eminent wichtig und Grundlage unseres Erfolges, dass ich ihr noch ein separates Kapitel in meinem Buch für Fortgeschrittene widmen möchte. Hier nur kurz zur Erklärung was „Tiefe" und „Breite" bedeuten:

Alle Personen, die ich selbst sponsere, nennt man **Breite**. Wenn ich beispielsweise fünf Personen direkt sponsere (fünf Annas), ist das meine erste Ebene, meine Firstline. Wenn meine Firstline Anna den Bernd sponsert, und die wieder die Christa, und die den Dieter, wäre meine Organisation vier Ebenen **tief**.

Lissy war zu dieser Zeit noch weit davon entfernt, vor Leuten zu sprechen (davon merkt man heute nichts mehr...), und sie war auch durch ihre zwei kleinen Kinder mehr ans Haus gebunden als ich. Dafür war sie Spitze im „Kontakten". Wir machten gemeinsam Trainings mit ihren Leuten und ich erklärte das System, und genauso starteten wir mit Isolde und Ottmar in Ettlingen, die nächste Stufe in der Tiefe war Susanne, allein erziehende Mutter mit zwei Kindern aus Baden-Baden, die wiederum der Motivationsfaktor für die beiden war. Wir hatten viel Spaß miteinander!

Aufmerksamen Lesern ist jetzt nicht entgangen, dass ich kurz das Thema verlassen habe, um es mit einigen interessanten Geschichten zu würzen. Genauso mache ich es auch in der Praxis. Sie erinnern sich: **Networker sind Geschichtenerzähler.**

Nun schauen wir uns mal weiter den Inhalt der Vorinformation an. In unserem Beispiel sind Sie es, die Anna angesprochen haben, weil Sie jetzt schon gewisse Vorkenntnisse haben, und ich davon ausgehen kann, dass Sie das Thema interessiert. Wenn mich jemand lediglich danach fragt, was **ICH** mache, verwende ich in der Vorinformation nicht die „Sie", sondern die „Ich-Form", d.h. **ICH** habe Anna angesprochen. Dadurch bleibe ich bei mir, und ich habe nicht das Gefühl, den anderen zu bedrängen, und mein Gegenüber hat nicht das Gefühl, von mir bedrängt zu werden.

Lassen Sie uns für dieses Beispiel ein Produkt nehmen. Genau wie Sie kauft ihre Freundin Anna das Produkt direkt beim Hersteller und gibt Ihre Kundennummer als Referenz an, damit der Hersteller erkennen kann, woher die Bestellung kommt. Wenn Anna auch begeistert von diesem Produkt ist, wird sie sicherlich mit anderen Menschen darüber sprechen. Nehmen wir in unserem Beispiel an, Anna erzählt unter anderem auch ihrem Freund Bernd davon, und dieser gibt dann ebenfalls direkt beim Unternehmen seine Bestellung auf.

Bernd erzählt dann seiner Kollegin Christa davon, und Christa berichtet es mit dem gleichen Ergebnis Dieter. Dieter bestellt nun ebenfalls seine Produkte beim Hersteller und gibt als Referenz die Kundennummer von Christa an.

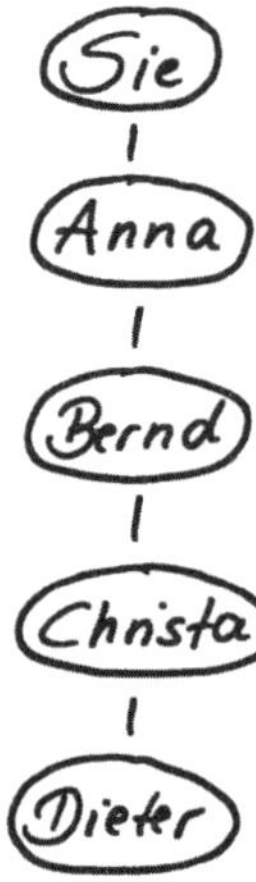

An Dieters Bestellung kann man nun deutlich machen, wie der Hersteller im Empfehlungsmarketing Provisionen ausschüttet. Die 40%, die in unserem Beispiel im Direktverkauf komplett an den Berater für seine Beratungstätigkeit gehen würden, werden im Empfehlungsmarketing auf mehrere Personen verteilt.

In unserem Beispiel würde es also so aussehen: Christa erhält 10%, Bernd erhält 10%, Anna erhält

10%, und Sie erhalten ebenfalls 10% aus Dieters Bestellung. Denn Sie haben diese Empfehlungskette ja auch ins Leben gerufen!

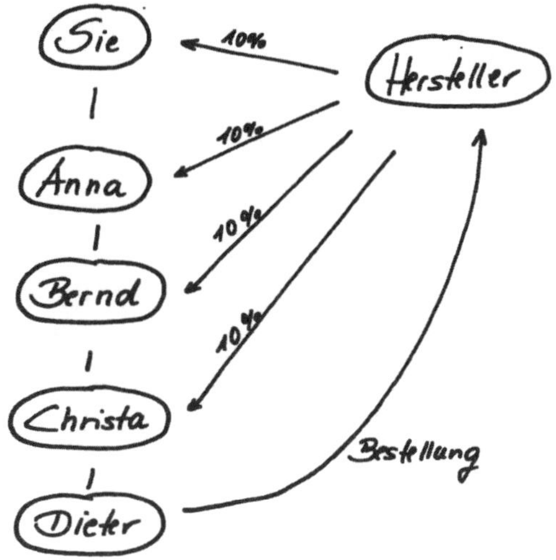

An dieser Stelle ist es für mich sehr wichtig, dass ich das Verständnis meines Gesprächspartners habe. Ich möchte, dass er an der Stelle nickt, zumindest innerlich, sonst gehe ich nicht weiter zu den größeren Zahlen. Das hat einen wichtigen Grund: Wenn mein Gesprächspartner innerlich das System bei einer Anna für gut befindet, würde er auch bei mehreren Annas kein Problem haben!

Beim Gespräch mit meinem Bruder wusste ich, dass er mit seiner Firma in finanziellen Nöten steckt, und sich und seinem Partner bald kein Gehalt mehr ausbezahlen konnte. Mit zwei kleinen Kindern und den Raten für ein Haus wird das zum Problem, vor allem, wenn man selbständig ist, und nicht auf die Sicherheit unseres sozialen Netzes zurückgreifen kann.

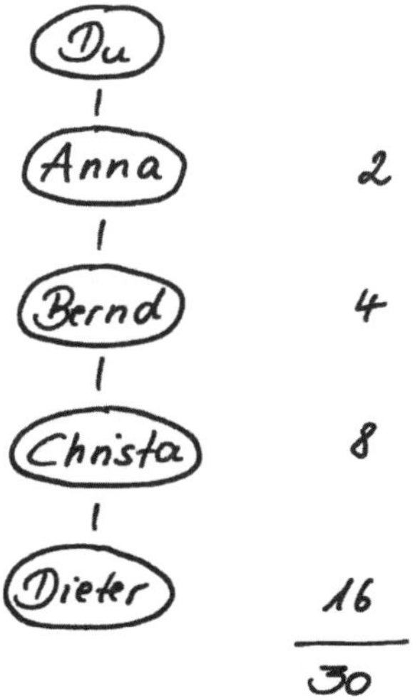

Ich habe ihm gesagt, dass wir – je nach Ziel des Gesprächspartners – mit zwei, drei, fünf oder mehr „Annas“ arbeiten können. „Anna“ steht für Menschen, die wir direkt ansprechen. Deshalb haben wir dafür den ersten Buchstaben aus dem Alphabet genommen. Da mein Bruder bereits Interesse gezeigt hat, habe ich in diesem Fall die „DU-Form“ gewählt: *„DEIN Ziel ist etwas größer. Dafür reicht eine Anna nicht aus. Deshalb zeige ich dir jetzt, wie die Macht der Multiplikation funktioniert. Rechnen wir einfach mal mit zwei, drei oder fünf Annas. Bei zwei Annas, die wiederum jeweils zwei Bernds sponsern, die je zwei Christas sponsern, und die jeweils zwei Dieters, haben wir nun insgesamt 30 Verbraucher.*

Nun will ich dir die Macht der Duplikation zeigen, indem wir nur eine Anna mehr nehmen. Also drei. Und das, dupliziert (wiederholt) bis zu den Dieters würde wie folgt aussehen":

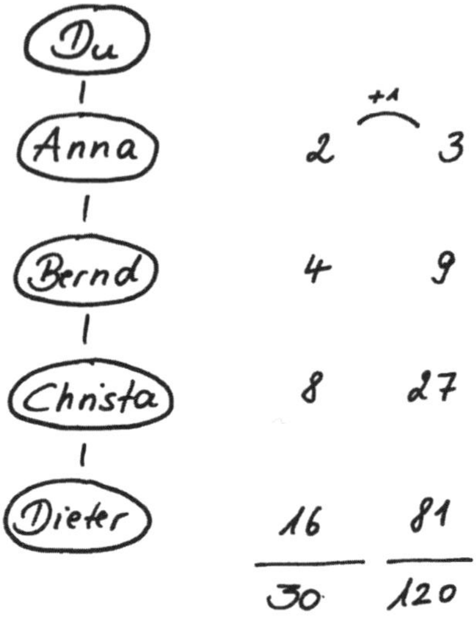

„Das sind genau 90 Verbraucher („Tankende") mehr, obwohl wir nur eine Anna mehr gesponsert haben. Du musst ein neues Geschäft aufbauen, dein Ziel ist etwas größer, deshalb werden wir beide mit fünf Personen arbeiten.":

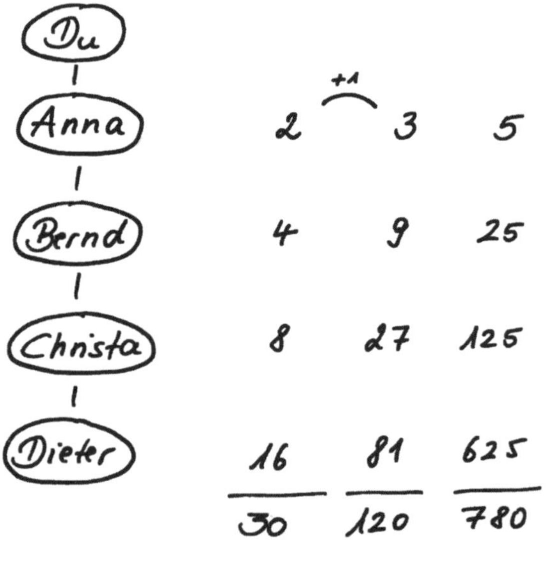

„780 Personen, die jeweils Waren – um im Beispiel einfach rechnen zu können – im Wert von 100 Euro einkaufen und verbrauchen. Keiner muss dabei verkaufen. Das würde einen Gesamtumsatz deiner Gruppe von 78.000 Euro ausmachen."

Mein Bruder ist fast vom Hocker gefallen, als ich ihm die Frage stellte: *"Wie viel würdest du in unserem Beispiel nun bekommen?"*.

780 x 100 € = 78.000 €
davon 10 % = 7800 € pro Monat

Bei den 10% im Beispiel wären es immerhin 7800 Euro! Die einzige Frage, die ich jetzt noch stelle, ist die:

„Ist das so interessant für dich, dass du mehr darüber wissen möchtest?"

Andy wollte. Natürlich stellte ich ihm danach auch die Fragen, die Sie ja bereits aus dem Beispiel mit der Tankstelle kennen: *„Welche Eigenschaft muss ein Produkt deiner Meinung nach haben, um für diesen Vertriebsweg geeignet zu sein?"*. Erinnern Sie sich noch? Es muss ein Verbrauchsprodukt, für jedermann benutzbar sein, und im Trendmarkt liegen.

Und jetzt kam ein ganz wichtiger Moment: Wir hatten unsere Präsentation noch mehr vereinfacht, und der Katalog, den wir zusammen mit der Unternehmensleitung gestaltet hatten, war gerade frisch auf den Markt gekommen. Andy war quasi mein „Versuchskaninchen"; er gehörte damals eher zu den schüchternen Menschen (das hat sich inzwischen geändert). Und ich wusste, dass er **mir** zwar zutraut, dass ich das kann, aber mir war auch klar, dass ich die Katalogpräsentation so einfach halten muss, dass **er** sich auch zutraut, das zu machen.

Die Kataloginfo ist im Grunde nichts anderes als eine Mund-zu-Mund-Empfehlung. Von Mensch zu Mensch. Simpel und einfach. Ich nahm den Katalog und ging ihn im Schnelldurchlauf durch mit den Worten:

„Ich gebe dir den Katalog mit, dann kannst du zu Hause alles nachlesen". Dann besprachen wir noch den Vergütungsplan und ich machte ihm einen Bestellvorschlag. Da mein Bruder zu dieser Zeit (auch das hat sich inzwischen geändert) kein Fan von Nahrungsergänzung war, habe ich darauf verzichtet, mehr zu den Produkten zu erzählen. Bei meinem Start im Jahr 1999 war für mich einer der

wichtigsten Punkte, dass es das OPC-Buch von Anne Simons gibt. Das Buch ist unabhängig und in jedem Buchladen erhältlich. Mir war damals sofort klar: wenn es ein Buch gibt, das **nicht** von unserem Unternehmen stammt und OPC als das „Antialterungsvitamin des Jahrhunderts“ beschreibt, dann ist das der beste Beweis, und ich brauche darüber nicht mehr zu diskutieren! Aus diesem Grunde mache ich auch heute möglichst kein Gespräch, ohne das Buch bei der Hand zu haben, um es zu zeigen. Ich denke, der Neue braucht irgendeinen „Beweis“ und ich glaube daran, dass die Quote der Einsteiger mit dem Buch wesentlich höher ist. Deshalb kann ich auch nicht verstehen, warum dieser „Quotenerhöher“ oft nicht genutzt wird....

Und am Ende stellte ich meinem Bruder hoffnungsvoll die wichtigste Frage: *„Traust du dir zu, das auch machen zu können?“* Und er sagte *„Klar, das ist doch einfach!“*

Ich hätte jubeln können! Damit hatte ich zwei ganz wichtige Punkte erreicht. Ein Neuer hat zwei Fragen „auf der Stirn“. Die eine lautet: *„Was habe ich davon?“* Dabei geht es wieder um das **WARUM**. Ich kannte seines und habe das in den Plan eingebaut. Die zweite Frage heißt *„Kann ich das auch?“*. Und die hat er sich selbst mit *„Ja“* beantwortet! Bei der zweiten Frage spielt auch die Zeit eine Rolle, die ich dafür gebraucht habe. Der neue Partner muss sich auch vorstellen können, das in seinem bereits vollen Zeitplan unterzubringen!

Die zeitliche und räumliche Unabhängigkeit ist ein weiterer Grund, warum ich das „Eins-zu-Eins-Gespräch“ favorisiere. Und, ganz wichtig: wenn wir Werkzeuge wie CDs und Bücher benutzen und der Interessent schon etwas gehört oder gelesen hat, brauchen wir nicht mehr lange zur Erklärung. Mein Interessent kann sich dann eher vorstellen, dafür die Zeit zu haben und es **auch** zu können.

Michael Strachowitz schreibt in seinem Artikel „Das persönliche Rekrutierungsgespräch“:

„Welches ist dann der richtige Platz, fragen Sie sich mit Recht, um Ihr eigenes Unternehmen vorzustellen? Die logische Antwort lautet: An dem Ort, an dem Ihr Geschäft seinen Sitz hat – bei Ihnen! Network Marketing ist ein Geschäft, das von zu Hause aus betrieben werden kann. Genau dieses Argument macht es ja für viele Menschen so attraktiv! Und genau so sollte es Ihr Interessent auch kennen lernen – als Home-based-Business!“

Ich denke, das persönliche Gespräch und die Information mit dem Katalog sind überall und jederzeit einfach zu machen. Die Kataloge gibt es inzwischen in vielen Sprachen (Partner meines Teams finden die Formulare auch im Mitgliederbereich unter dem Link „Formulare“).

Empfehlung ist die beste Werbung

Die effektivste Werbung ist nun mal die Mund-zu-Mund-Empfehlung durch einen Freund. Wir haben heutzutage einen „Informations-Overkill", das bedeutet, auf uns stürmen pro Tag so viele Informationen ein, wie ein Mensch vor 100 Jahren in seinem ganzen Leben bekommen hat. Ich denke, um uns davor zu schützen, klappen wir einfach die Ohren zu und öffnen sie nur, wenn...? Ja, was lässt uns die Lauscher spitzen? Denken Sie mal darüber nach.

Es gibt zwei ganz wichtige Punkte. Der eine ist die **Neugier**. Neugier ist das größte Zugpferd bei Menschen. Wenn es uns gelingt, jemanden neugierig zu machen, dann hört er uns auf jeden Fall zu!

Der zweite Punkt ist die **Beziehung**, die wir zu dem Menschen haben, der uns etwas erzählt. Das ist der wichtigste Faktor. Ich weiß heute, dass die beste Präsentation nicht funktioniert, wenn die Chemie nicht stimmt. Haben Sie schon mal von jemandem etwas gekauft, das Sie eigentlich gar nicht brauchen, nur weil Ihnen dieser Mensch sympathisch war? Ganz sicher haben Sie aber auch schon mal den Kauf einer notwendigen Sache verweigert, weil ihr Bauchgefühl nicht gestimmt hat. Glauben Sie wirklich noch, Kaufentscheidungen werden von rationalen Gründen bestimmt?

Unser Opa (er ist 87 Jahre alt und versorgt sich immer noch selbst) hat mir kürzlich ein super Beispiel geliefert: *„Ich kaufe meine Fertiggerichte bei „Bu-Frist". Da sind sie zwar teurer als beim „Schneemann", aber der Fahrer ist netter!"* Deshalb sehe ich die Zukunft im „Beziehungs-Geschäft", das sich gravierend von einer „Geschäfts-Beziehung" unterscheidet.

Die Macht der Duplikation

Die Wirksamkeit liegt in der Einfachheit. Je mehr es gelingt Geschäftsvorgänge zu schaffen, die sich leicht kopieren lassen, desto größer wird unser Erfolg sein.

> **„Es genügt nicht, dass etwas funktioniert, es ist wichtig, dass es sich dupliziert!"**

Das ist ein sehr wichtiger Grundsatz. Duplizierbarkeit geht über alles. Deshalb tun Sie sich und ihrem Sponsor einen großen Gefallen: Fangen Sie auf keinen Fall beim Start an zu überlegen, ob Sie die Broschüren nicht vielleicht ein wenig besser machen können… oder hier und da vielleicht ein klein wenig was abzuändern….

Im „5. Prinzip“ von M.S. Clouse habe ich dazu eine interessante Passage über die Veränderung eines Systems durch energiegeladene Unternehmertypen gefunden:

"Die Herausforderung – und es handelt sich um eine Herausforderung – ist, dass, selbst wenn deren (oder Ihre?) Methode besser sein sollte, es langfristig nicht funktionieren wird. Warum? Weil, nochmals, dieses Geschäft so viele energiegeladene und begeisterte Unternehmerpersönlichkeiten anzieht. Und wenn jeder von Ihnen seinen eigenen Versuch durchsetzt, das System zu verbessern, dann werden Sie binnen kürzester Zeit überhaupt kein System mehr haben! Stellen Sie sich selbst die Frage: ‚Was will ich wirklich?‘ Und wenn Ihre Antwort lautet: ‚Einmal aufbauen, um dann den Rest des Lebens dafür bezahlt zu werden‘, dann sollten Sie die duplizierbare Einfachheit des Systems schätzen lernen und Ihren Unternehmergeist auf den Aufbau Ihrer Vertriebsgruppe konzentrieren!“

Das gefällt mir sehr gut! Und das ist sehr wichtig! Glauben Sie mir eines – es gibt in Ihrer Upline, einschließlich mir, einige Menschen, die sehr daran interessiert sind, dass Sie erfolgreich werden. Wenn es eine langfristige Verbesserungsmöglichkeit gibt, dann werden wir sie schulen.

Deshalb haben wir in unserem System den Rahmen. Rahmen oder auch Gerüst bedeutet, dass die Lehrinhalte dieselben sind. Natürlich nicht die Worte. Eine wichtige Voraussetzung, um überall in Europa (oder vielleicht auch mal weltweit?) dieselben Trainings anbieten zu können. Für Sie mag das noch keine Rolle spielen. Aber glauben Sie mir, sobald ihr Team die Größe erreicht hat, die Sie sich wünschen, werden Sie **sehr** dankbar über unseren Veranstaltungskalender sein. In diesem finden Sie europaweit Termine zu Trainingstreffen oder Events, an denen Ihre Partner, egal wo sie wohnen, teilnehmen können.

Nun noch ein paar Sätze zur praktischen Auswirkung der Duplikation.

Wir haben in diesem Beispiel jetzt nur einmal vorsichtig bis zu den von den „Christas“ gesponserten „Dieters“ gerechnet. Also bis zur vierten Ebene. Da muss aber nicht Schluss sein. Im reinen Empfehlungsmarketing, wo kein Geld für intensive Beratertätigkeiten verbraucht wird, können auch in tieferen Ebenen Provisionen bezahlt werden! Sie können selbst ja einmal weiterrechnen was passiert, wenn die „Dieters“ den „Emilies“ in ihrem Bekanntenkreis diese geniale Möglichkeit zeigen, die „Emilies“ ihren „Friedrichs“, die „Friedrichs“….

An dieser Stelle möchte ich auf einen der wichtigsten Punkte eingehen, der meiner Erkenntnis nach manchmal unterschätzt und deshalb vielleicht vernachlässigt wird. Zitat aus dem Buch meines Sponsors Don Failla:

„Empfehlungsmarketing funktioniert aber dann am besten, wenn viele Menschen lediglich ihren Eigenbedarf abdecken und zusätzlich ihr eigenes persönliches Umfeld – Freunde, Verwandte und Bekannte – mit Produkten versorgen. Dies ist wesentlich effektiver, als wenn ein Spitzenverkäufer alles alleine schaffen will. Der Milliardär Paul Getty sagte bereits dazu: „Ich habe lieber 1% aus der Arbeit von 100 Menschen als 100% aus meiner eigenen Arbeit".

Lassen Sie uns nochmals die Zahlen der 2er-, 3er- und 5er-Duplikation aufgreifen:

Es waren 30, 120 bzw. 780 aktive Partner in unserem Beispiel. Mit 780 Partnern im Team haben Sie in jedem Unternehmen einen beachtlichen Umsatz. Was ist aber, wenn jeder der 780 Aktiven eine Mutter hätte, die nur die Produkte benutzt?

Dann sind es nicht wie im Beispiel 78.000 Euro Umsatz, sondern 156.000 Euro! Und nun stellen Sie sich vor, jeder hätte seinen Eltern und seiner Großmutter die Produkte empfohlen? Also jeder Aktive hätte drei Kunden? Das würde dem vierfachen Umsatz entsprechen (Ich + Eltern + Oma = vier Personen) = 312.000 Euro Umsatz! Können Sie sehen, wie wichtig diese Komponente ist? Mutige können sich auch fünf oder zehn Kunden vorstellen – auch das überlasse ich Ihrer Fantasie....

Unser Unternehmen hat über 60 Produkte im Programm. Von natürlicher Nahrungsergänzung über chemiefreie Haushaltsprodukte und Hautpflege. Für jeden ist etwas dabei. Wäre Ihnen die Zahl, die herauskommt, wenn jeder dieser 780 Personen nun zusätzlich zu der Basis-Vitaminversorgung auch z.B. ihre Haut-Cremes und die Zahnpasta beim eigenen Unternehmen kaufen, zu hoch?

Ich verrate Ihnen was:

Unsere Zahnpasta hat 3,1 Volumenpunkte (und ist nebenbei obergenial!). Volumenpunkte sind eine Kunstwährung und werden in IPs (International Points) ausgedrückt, wobei ein „IP" in etwa einem US-Dollar entspricht. Wenn jeder Aktive in meinem Team monatlich zu seinen Produkten, die er bisher nutzt, zusätzlich nur eine Zahnpasta beim eigenen Unternehmen bestellen würde, wäre das zurzeit ein Umsatz von ca. 90.000 Dollar in meinem ganzen Team. Fünf Prozent davon wären eine nette, monatliche Gehaltserhöhung. Gigantisch, nicht wahr? Das ist Empfehlungsmarketing!

Ich verrate Ihnen noch was:

Bei mir spielt das keine Rolle mehr, aber wenn Sie mit Network Marketing anfangen, egal bei welchem Unternehmen, gebe ich Ihnen einen guten Rat: Kaufen Sie die Produkte, die sie sowieso brauchen und die Ihr Unternehmen hat, auf jeden Fall bei Ihrem Unternehmen. Auch wenn Sie vielleicht ein paar Euro mehr kosten. Ich habe bereits erwähnt, dass gerade in dieser Vertriebsform Qualität an oberster Stelle stehen muss. Und Qualität hat nun mal ihren Preis. **Immer**! Gerade bei Nahrungsergänzung spielt es eine große Rolle, ob die Vitamine künstlich hergestellt oder aus Obst und Gemüse gewonnen werden.

An dieser Stelle möchte ich nicht unerwähnt lassen, dass generell alle Produkte, die im Direktvertrieb vermarktet werden, besser sein müssen als Ladenprodukte: Da wir uns in dieser Branche im „Warmen Markt", also im Freundeskreis, bewegen, wäre es eine Katastrophe, wenn die Produkte nicht funktionieren würden. Aus diesem Grunde finden sich im Empfehlungsmarketing ausschließlich Produkte von höchster Qualität. Ein Unternehmen, das keine absolute Spitzenqualität bietet, kann sich erfahrungsgemäß nicht lange am Markt halten. Paula Pritchard schreibt in „Wie Sie sich selbst besitzen":

„Bestellen Sie zu Beginn Ihrer Tätigkeit von jedem Produkt, das Ihr Unternehmen hat, zwei Exemplare. Eines zum Ausprobieren, eines zum Verkaufen."

Hier die gute Nachricht: bei uns müssen Sie nicht verkaufen – deshalb genügt uns ein Exemplar!

Wir brauchen keinen WISSENS-Schatz, sondern einen ERFAHRUNGS-Schatz!

Meiner Mutter erzählte ich damals: *„Du kennst ja meine Situation, ich komme einfach nicht an mein Ziel mit meinem Geschäft und habe deshalb ein zweites Standbein bei einer alteingesessenen Firma angefangen, die sich schon seit Jahrzehnten auf Anti-Aging und Nahrungsergänzung spezialisiert hat. Die haben geniale Produkte, die du unbedingt brauchst. Hier hast du ein Buch über „OPC" zum Lesen, das ist eines der Hauptprodukte."*

Es war für sie gar keine Frage. Auf meiner Website **www.gabisteiner.de** finden Sie unter „Mein Weg" am Ende Bilder von ihr im Alter von 66 Jahren. Sie ist heute eine lebender Beweis dafür, dass an der Geschäftsidee was dran ist….

Was ist aber, wenn ich ausschließlich ein Produkt anbiete? Nun, dann brauche ich mich nicht zu wundern, wenn mein Gegenüber glaubt, ich wäre ein Verkäufer. Don Failla sagt: *„Die meisten lernen Network Marketing durch Freunde oder Bekannte kennen, welche Ihnen irgendwelche Produkte zum Kauf anbieten. Ist es denn da ein Wunder, dass jedermann Network Marketing mit Direktvertrieb verwechselt?“*

Gerade weil darüber immer wieder heiß diskutiert wird, und weil auch viele Missverständnisse darüber entstanden sind, habe ich auf meiner Website dem Thema bereits ein ganzes Kapitel gewidmet:

Huhn oder Ei?

Ein scheinbar konfliktträchtiges Thema im Empfehlungsmarketing ist die Frage: *„Produkt oder Geschäft“* – oder: *„Huhn oder Ei?“*

Es hat auch mich Jahre gekostet, hier wirklich Klarheit zu bekommen. Ich glaube inzwischen doch einiges von Empfehlungsmarketing zu verstehen. Und ich sage Ihnen heute ganz klar meine Antwort: Es geht überhaupt nicht um die Frage „Produkt oder Geschäft“ oder womöglich sogar noch darum, dass man sich für die eine oder andere Arbeitsweise zu entscheiden hätte!

Es geht weder um Huhn noch Ei – es geht um den Bauernhof! Es geht um Menschen. Um ihre Ziele und um ihre Träume! In unserem Beispiel also darum, über welche Tür Menschen den Bauernhof betreten.

Ich bin seit über 30 Jahren ein absoluter Vitaminfreak. Bereits 1972 habe ich in meinem Umfeld versucht, Menschen mit Gesundheitsproblemen eine gesündere Ernährung zu empfehlen. Wissen Sie, was ich dabei festgestellt habe? *„Der typische Schwabe stirbt eher, als dass er auf seinen Braten, Kartoffelsalat und Spätzle verzichtet“*. Was will ich damit sagen?

Mein Ziel war ursprünglich, dass sich viel mehr Menschen besser ernähren und ein gesundes Leben führen können. Und wie soll ich das am besten erreichen? Indem ich jeden davon überzeuge, dass er Vitamine braucht?

Ich weiß heute, dass dieser Weg der härteste Weg überhaupt ist. Und ziemlich frustrierend. Wer ihn schon gegangen ist, weiß wovon ich rede. Dr. Joseph Rubino schreibt:

„Network Marketing entstand aus dem Konzept, die Begeisterung für ein großartiges Produkt an andere weiterzugeben. In den sechziger und siebziger Jahren zielten Verkaufsstrategien darauf ab, den Kunden vom Wert einzelner Produkte zu überzeugen, indem man die Besonderheiten und Vorteile erklärte: Zeigen und erklären – das war es. Also: Zeig das Produkt und erzähl die Geschichte. Diese ‚Zeige-und-Erzähl-Technik' funktionierte hervorragend, so lange nur wenig tausend Produkte weltweit verkauft wurden. Verstehen Sie nun, warum heute nicht nur das Produkt selbst im Mittelpunkt stehen kann? Sicher müssen die Produkte großartig sein - und normalerweise sind sie es auch…

…aber da ist noch viel, viel mehr! Im Empfehlungsmarketing geht es um Menschen. Im besten Sinne geht es um Menschen, die die Kontrolle über ihr Leben erlangen, ihren Träumen folgen, nach ihren Werten leben und vor allem andere unterstützen, das gleiche zu tun. Das ist es, was mich heute begeistert – die Chance, ein anderes Leben zu führen. Genauso auch die Chance, anderen dazu zu verhelfen."

Auch denen, die nicht verkaufen können und wollen! Laut Don Failla 95% aller Menschen. Deshalb ist das reine Empfehlungsmarketing so genial – weil auch der allerschüchternste Partner die Fähigkeit besitzt, seinen Freunden von einem besseren Leben zu erzählen!

Dr. Rubino schreibt weiter:

„Aus diesem Grunde scheitern im MLM häufig Verkäufer, die aus dem traditionellen Handel kommen. Sie sind so sehr durch das Produkt indoktriniert, dass sie den Menschen aus den Augen verlieren. Sie konzentrieren sich auf die falschen Produkte – entweder nur auf das Produkt oder darauf, durch Produktverkäufe viel Geld zu verdienen. Aber nichts davon ist für irgendjemand anders genau so wichtig. Was jedoch für jeden auf dieser Welt von Bedeutung ist, sind Beziehungen. Und im Network Marketing geht es um Beziehungen – dauerhafte Beziehungen. Daher funktioniert die alte Rekrutiermethode – Schmeiß einfach genug Schlamm – in diesem Fall Menschen – gegen die Wand und schau, was hängen bleibt, einfach nicht mehr. Im MLM geht es nicht darum, dass andere Leute allein vor sich hinarbeiten und man selbst Geld daran verdient. Vielmehr geht es darum, dass SIE Partnerschaften mit anderen Menschen eingehen, um ihnen zu helfen, die eigenen Träume zu verwirklichen. Und es geht darum, dass diese Menschen wiederum Partnerschaften mit anderen aufbauen und ihnen helfen und so weiter und so weiter…"

Genau so sehe ich heute unser Geschäft. Ich bin stolz darauf, so zu arbeiten, wie wir es tun. Sicherlich wird auch bei uns nicht jeder erfolgreich – aber ganz sicher hat er dann dabei kein Geld in den Sand gesetzt und auch nichts verloren – außer vielleicht ein paar Falten durch OPC – und darauf bin ich mächtig stolz.

Am meisten stolz bin ich auf unser Team. Klasse Leute. Sie brennen vor Enthusiasmus. Sie übernehmen Verantwortung für ihr Leben und leisten eine super Teamarbeit. Warum? Weil wir wirklich nur erfolgreich sein können, wenn wir anderen helfen, erfolgreich zu werden! Egal, welche Stufe wir auch erreicht haben, wir können nur weiterkommen, wenn wir Partnern aus unserem Team helfen, dasselbe zu erreichen! Es gibt keinen andern Weg.

Dadurch entsteht unser „Spirit", unser so genanntes „USP" („Unique Selling Position"), also unser Alleinstellungsmerkmal! Und das gefällt mir. Und diejenigen, die dies wirklich wollen, fühlen sich bei uns wohl und haben keinerlei Druck. Aber ein echtes passives Einkommen, das – zugegebenermaßen vielleicht am Anfang langsam – aber stetig steigt!

Gerne gebe ich zu, dass „Verkäufertypen" bei uns manchmal nicht sehr erfolgreich werden, wenn sie sich nicht umstellen. Burke Hedges schrieb in seinem Buch über den „Amerikanischen Traum":

„Network Marketing ist immer noch ein Geheimtipp – es begeistert mich immer wieder, dass völlig normale Durchschnittsmenschen ihr Leben völlig ändern, gewöhnliche Leute, die ein außergewöhnliches Leben führen. Ich habe nichts dagegen, wenn sich die „Großkopferten" einklinken. Früher oder später. Aber ehrlich gesagt ist es mir lieber, sie kommen nicht früher, sondern später dazu."

Und die Produkte? Die sind einfach Spitzenklasse. So gut, dass sie gerne gekauft und benutzt werden. Das versteht sich von selbst. Und sie sind natürlich wichtig – sogar sehr wichtig! Nur habe ich erkannt, dass viele Menschen noch nicht an die Wirkung von Nahrungsergänzung und an die Produkte glauben. Sie sind deshalb nicht daran interessiert. Oder sie wurden von allzu übereifrigen „Verkäufern" abgeschreckt und das Produkttor, um in den Bauernhof zu gelangen, ist verschlossen.

All denen möchte ich trotzdem die Chance bieten, Ihr Leben zu verändern und öffne deshalb die andere Tür: die der Visionen und Träume. Durch diese Tür gehen nach meiner Erfahrung die meisten Menschen. Es ist letzten Endes nur eine Frage der Reihenfolge.

Ich persönlich glaube nicht daran, dass jemand sehr erfolgreich werden kann, wenn er sich nicht im Laufe der Zeit mit Nahrungsergänzung und dem Nutzen beschäftigt oder sich selbst durch Literatur und Eigenversuch überzeugt. Meine Erfahrung ist einfach die, dass alle, die aus anderen Gründen angefangen haben, früher oder später sehen, was Nahrungsergänzung bewirken kann und dann Ihre Meinung ändern. Und das ist letztendlich auch mein Ziel!

Ich weiß heute, wie stark die Sicherheit steigt, wenn jemand bei sich oder bei jemandem aus seinem Umfeld Wirkungen erzielt hat. Plötzlich hat er ein ganz anderes Bauchgefühl! Und redet begeistert und mit einer inneren Sicherheit, hat eine ganz andere Ausstrahlung – und plötzlich wird er erfolgreich! Auch deshalb brauchen wir die „persönliche Marktforschung“ in unserem Familienkreis. Das heißt auf keinen Fall, dass Sie nicht mit Menschen sprechen können, so lange Sie dieses Bauchgefühl noch nicht haben. Für diesen frühen Zeitpunkt haben Sie ja die Werkzeuge und Ihren Sponsor!

Ich möchte Ihnen anhand einer Geschichte klarmachen, warum dieses Kapitel so wichtig ist:

Eine Partnerin machte eine Vor- und Kataloginfo mit einer italienischen Dame, deren Mann einige Monate zuvor gestorben war. Sie und ihre Tochter haben erst nach dessen Tod erkannt, dass ihre finanzielle Situation äußerst schwierig war und suchten nach einer Alternative zum Überleben. Sie waren sofort begeistert von der Chance des Empfehlungsmarketings. Als sie bei der Kataloginformation die Produkte des Unternehmens vorgestellt bekamen, begann die Mutter zu weinen. Sie hatte dieses Produkt bereits mit sehr gutem Ergebnis angewendet, musste es aber, aufgrund ihres finanziellen Engpasses, nach dem Tod ihres Mannes abbestellen. Ihr Sponsor hatte Sie weder von der Möglichkeit ihr Produkt refinanzieren zu können, noch von der Chance, sich ein zweites Standbein oder gar ein eigenes Geschäft aufbauen zu können, informiert!

Sie wusste nichts von dem Bauernhof. Wer von uns kann beurteilen, wer eine Chance braucht und wer nicht? Ich kann das nicht, deshalb gebe ich jedem die komplette Information.

Ich fasse also noch mal zusammen. Wir brauchen selbstverständlich auch Kunden und Produktbenutzer. Aber ich lasse jeden selbst entscheiden, ob er Huhn, Ei oder Bauernhof möchte. Das heißt, wenn jemand das Empfehlungsmarketing nicht aktiv betreiben möchte, biete ich ihm auf jedem Fall die Produkte an.

Alles klar?

Die Namensliste

Ich muss gestehen, dass ich meine Meinung zum Thema „Namensliste" grundlegend geändert habe. In vielen Network-Büchern liest man, dass beim Start eine „Namensliste" oder „Liste Leute" oder „100er-Liste" erstellt werden muss. Mir war das nie ganz geheuer, weil ich schlichtweg mit jedem zwanglos über meine Möglichkeit gesprochen habe. Ich habe sofort die Chance erkannt, und mich hätte nichts stoppen können. In meinem früheren Direktverkauf waren Quoten von 20 Kontakten am Tag normal, Inserate sind ständig gelaufen und so war es für mich, wie wir Schwaben sagen, „eine Lachplatte" fünf Personen, die wollen, ausfindig zumachen. Lissy und Isolde erging es ebenso, auch sie haben keine Liste gebraucht, so dass ich den Nutzen dieser Liste immer unterschätzt habe. Gott sei Dank können wir unsere Meinung ändern.

Ich habe meine Einstellung dazu grundlegend geändert und denke heute, dass diese Liste für die meisten Menschen die Grundlage zum Überleben sein kann. Das hat einen besonderen Grund:

Jeder kennt mindestens 200 Personen in seinem nahen, weiteren und weiten Umfeld. 100 davon genügen am Anfang für die Liste. Der neue Partner hat hoffentlich Einfluss bei einigen Personen auf dieser Liste und gilt als glaubwürdig. Es wird daher kein Problem sein, anfangs ein paar Familienmitglieder und Freunde um Hilfe zu bitten. Wir brauchen ein paar Produktanwender sozusagen als „persönliche Marktforschung". Bei unserem engen Umfeld müssen wir nicht „gut" und „trainiert" sein – es genügt, wenn wir so sind, wie wir immer schon waren und z.B. sagen:

„Du, Tanne Anni, du kennst ja meine Situation, meine Firma schließt bald und da will ich nicht drauf warten, bis ich auf der Straße sitze. Ich habe mich gerade nebenberuflich selbständig gemacht und brauche deine Hilfe. Willst du mich unterstützen?" und weiter:

„Meine Firma hat Produkte, die genial sind im Bereich Prävention und Gesundheit und nun brauche ich natürlich für meine eigene Sicherheit ein paar Ergebnisse von Anwendern. Ich gebe dir mal was zum Lesen und ich würde mich sehr freuen, wenn du das ausprobieren würdest!".

Ich glaube, dass kaum jemand dieser Bitte um Unterstützung nicht nachkommen wird. Und das gibt Ergebnisse, die sehr wesentlich für unsere eigene Sicherheit, unser Bauchgefühl und das Vertrauen in die Möglichkeiten des Empfehlungsmarketings sind.

Es ist kein Geschäft des „Verkaufens und Überzeugens", sondern eher des „**Filterns und Sortierens**". Das ist wichtig und es geht nur darum, dass wir zusammen mit unserem neuen Partner am Anfang die vier bis fünf Personen aus der Namensliste finden, die **hier und jetzt** eine Möglichkeit der Veränderung suchen.

Dabei spielt auch die „Quote" eine Rolle, das bedeutet, mit wie vielen Menschen ich sprechen muss, bis ich einen sponsern werde. Nicht jeder, der auf Ihrer Liste ist, wird sofort begeistert sein, ein Geschäft zu gründen oder ein Produkt auszuprobieren (noch nicht?). Das ist einfach die Wahrheit, mit der wir leben müssen.

Angenommen, Ihre Quote wäre **10:4:2:1**. Das würde bedeuten: Wenn wir **zehn**mal die Vor- und Kataloginformation machen, bestellen im Schnitt **4** Personen, **2** davon benutzen lediglich die Produkte, **2** empfehlen aktiv weiter, wobei von den zweien lediglich **1** richtig durchstartet und **1** nur Zufallsempfehlungen ausspricht. Als Profi-Networker sehe ich das Thema inzwischen völlig leidenschaftslos. Ich sehe das Sponsern neuer Partner wie eine Wundertüte, bei der ich nie weiß, was dabei herauskommt und nie vor Überraschungen sicher bin.

Ich brauche Ihnen sicher nicht zu sagen, dass die Quote besser wird, je öfter wir ein Gespräch führen. Auch hier profitieren wir von der Erfahrung.

Die Quote ist von Mensch zu Mensch völlig unterschiedlich, was von Faktoren wie positiver Einstellung, Glaubwürdigkeit, Kommunikationsfähigkeit und dem Verhältnis zum Gesprächspartner abhängt. Aber eines ist sicher: Sie ist ein Beweis dafür, dass es jeder schaffen kann!

Jemand mit einer niedrigeren Quote braucht einfach ein paar Gespräche mehr! Aber das Schöne ist: Wir haben Zeit und nicht zuletzt heißt es bei uns:

„Ausdauer schlägt Geschwindigkeit!"

Ich denke, wenn ein neuer Partner das zu Beginn weiß und als **NORMAL** akzeptiert, hat er keine Probleme damit, wenn jemand NEIN sagt. Er weiß dann, dass das für seinen Erfolg wichtig ist. Weil er, wie in meinem Beispiel, genau weiß, dass er für vier „JAs" eben sechs „NEINs" braucht....

Deshalb ist die Länge der Liste auch aus psychologischen Gründen so wichtig. Stellen Sie sich vor, ein Neuer hat nur fünf Namen auf seiner Liste – und dann sagen drei „Nein" – das wäre die Katastrophe....

David Ledoux beschreibt in seinem „ultimativen Leitfaden" sehr ausführlich dieses Thema. Er hält es für sehr wichtig, dass diese Liste zusammen mit dem neuen Partner angefertigt wird. Weil es sonst wahrscheinlich niemals eine geben wird.... Vermutlich hat er Recht, wir werden mit den meisten Neuen zusammen diese Liste erstellen müssen.

Wie erstelle ich eine Namensliste in der Praxis? Hier ein paar Tipps dazu: Nehmen Sie das Kontaktformular von Ihrem Sponsor oder vom Mitgliederbereich oder einfach einen Block und Stift und schreiben auf: Enge Freunde, Verwandte, Bekannte, Nachbarn....

Denken Sie daran, dass jede Person, die Sie in Ihrer Liste festhalten, jemand sein könnte, mit dem Sie Ihr Geschäft aufbauen und finanziell unabhängig werden. Ohne Wertung. Das heißt, Sie treffen bitte keine Entscheidungen, für wen es etwas sein könnte und für wen nicht. Man kann einem Menschen nicht ansehen, ob er eine Chance braucht oder nicht, deshalb sollten wir jedem Menschen unsere Geschichte erzählen und ihm somit eine Chance geben. Wenn dieser enge Kreis notiert ist, dann können Sie die Liste mit dieser Hilfestellung erweitern:

- Tagesgeschehen: Bäckerei, Frisör, Reisebüro, Ärzte, Heilpraktiker, Autohändler, Reinigung, Postbote, Mechaniker, Vermieter, Maler, Versicherungsvertreter...
- Beruf: ehemalige und aktuelle Arbeitskollegen, Handels – oder Geschäftspartner, ehemalige und aktuelle Kunden, ehemalige Arbeitgeber, Freiberufler, Reisebekanntschaften, Auslandsbekanntschaften, Messen, Steuerberater, Banker...
- Schule/Ausbildung: Kindergarten, Schulkameraden, VHS, Studienkollegen, Lehrer, Seminarteilnehmer, Abendschule...
- Sport/Hobby: Fitnessstudio, Tanzclub, Malkurs, Schwimmverein, Golfclub...
- Verein/Verband: Elternrat, Partei, Gemeinde...

Das wichtigste Kriterium für Ihr Gespräch ist, herauszufinden, warum derjenige interessiert sein könnte, sich Ihre Geschäftsgelegenheit näher anzuschauen. Auf das **WARUM** bin ich ja bereits im ersten Teil des Buches eingegangen.

Je disziplinierter Sie die Namensliste führen und Fakten zu diesen Personen sammeln, desto größer die Erfolgsaussichten.

Notieren Sie alles, was Sie zu den Kontakten wissen. „Hobbys“, „Beruf“, usw.

Notieren Sie alle Details, wie z.B. „Haus gebaut“, „Raten zu zahlen“ – „wünscht sich ein Auto“, „reist gerne um die Welt“, „ist allein erziehend“, „Hobbyfischer“, „Segler“, oder was Sie sonst im Gespräch hören. Seien Sie **aufmerksam**. Aufmerksamkeit ist außergewöhnlich und in unserer Welt sehr selten geworden. **Aufmerksamkeit fällt auf!**

Und dann nehmen Sie Kontakt auf. Wenn Sie schon jemanden angesprochen haben und er ist in der „Noch-Nicht-Box“, dann **pflegen Sie den Kontakt**. Das kann eine Gratulation zum Geburtstag oder Jubiläum sein, eine Weihnachtskarte, eine Einladung zu einem Persönlichkeitsseminar, zu Ihrer Gartenparty, oder eine Nachfrage bezüglich dessen Gesundheit. Wenn Sie seine Hobbys kennen, können Sie zum Beispiel einen Zeitungsartikel über das Hobby oder ein anderes Thema, das den betreffenden interessiert, schicken. Oder einen Hinweis auf eine Fernsehsendung zu seinem Hobby?

Wenn Sie wissen, dass einer Ihrer Kontakte leidenschaftlicher Briefmarkensammler ist, dann schicken Sie ihm doch einfach von allen Orten, die sie bereisen, eine Postkarte mit einer ausgefallenen Briefmarke! Können Sie sich vorstellen, dass er sich darüber freuen würde?

Ein ganz elementarer Punkt dabei ist:

Sie können bei der erneuten Kontaktaufnahme über alles sprechen, NUR NICHT über Empfehlungsmarketing!

Ledoux sagt in seinem Buch: *„Kommunizieren Sie so lange, bis diese Menschen einsteigen, sterben oder wegziehen…“.*

Natürlich wird die Namensliste wachsen. Das Ziel sollte sein, dass jede Woche neue Namen dazukommen. Eine solche Liste ist nie abgearbeitet. Meine ist noch nicht mal angefangen. Aber wenn dieses Buch, das ich jetzt schreibe, erscheint, dann fange ich wirklich damit an…. Das könnte auch für die ein „Pitch“ sein, die schon länger dabei sind. Ein Tipp an die „alten Hasen“:

Wenn euch mein Buch gefällt, dann nehmt eure Namensliste und kontaktiert alle Personen in der „Noch-Nicht-Box“ und erzählt Ihnen von dem Buch!

„Noch-Nicht-Box“

Ich habe meine Geschichte allen Menschen erzählt, die mich gefragt haben. Und die meisten haben mich gefragt. Warum? Nun, weil ich zuvor **SIE** gefragt habe, was **SIE** beruflich machen…. Das ist der Unterschied. Ich kann warten, bis mich zufällig jemand fragt, ich kann aber auch aktiv auf Menschen zugehen und sie fragen….

Manche haben gefragt, aber waren dann doch nicht interessiert. Das ist wieder eine Frage der Quote. Aber eines weiß ich heute aufgrund meiner Erfahrung 100%ig sicher:

Es gibt kein Nein – es gibt nur ein „Noch nicht“. Wenn ich merke, dass mein Gegenüber sich bereits nach meiner Geschichte gar nicht mehr für weitere Details interessiert, nehme ich diese Reaktion auf gar keinen Fall persönlich. Denn das hat nichts mit mir zu tun, sondern lediglich mit dem Zeitpunkt. Ich stelle ihn gedanklich einfach in die „Noch-Nicht-Box“. Vielleicht war der Zeitpunkt nicht der richtige? Ich habe einen Samen gelegt und den kann ich nun wässern. Das ist der Riesenvorteil, wenn man im warmen Markt arbeitet.

„Wässern“ bedeutet, wie bereits im letzten Kapitel erwähnt, **aktiv** mit der **Namensliste zu arbeiten** und **„absichtslosen Beziehungsaufbau“** zu betreiben.

Es gibt auch noch eine andere Form der „Noch-Nicht-Box“. Darin befinden sich Personen, die zwar aktiv werden wollten, aber bisher **NOCH NICHT** gestartet sind. Dazu habe ich auch eine passende Geschichte:

Im Jahre 2000 habe ich auf einer Nord-Tour ein Paar in Bremen gesponsert. Auf dem Rückweg haben wir mit unserem Wohnmobil noch in Braunschweig Station gemacht und meinen ehemaligen Kollegen Lothar besucht. Er hat die Produkte zwar bestellt, aber wegen der Geschäftsmöglichkeit einen Freund befragt. Der riet ihm, die Finger davon zu lassen. Zum Glück hat aber das Produkt in der Zwischenzeit so gut gewirkt, dass er es weiterhin bestellt hat. Ein Jahr später waren die beiden aus Bremen bereits in der höchstens Stufe und ich habe Lothar wieder angerufen: *„Ich hätte grade wieder Zeit, jemand zu unterstützen. Willst du anfangen oder noch ein Jahr warten?“* Er startete, nachdem sich sein Freund Jörg dann auch überzeugen ließ. Dieser sponserte Uwe. Und was glauben Sie, wo Uwe lebt?

Auf Mallorca!

Können Sie sich vorstellen, was das für mich bedeutet hat? Sofort planten wir eine Geschäftreise auf die Insel. Uwe hatte schon sehr viel Network-Erfahrung und leistete eine hervorragende Aufbauarbeit, so dass auf dem ersten Seminar, am 29. Juni 2002, bereits 36 Partner anwesend waren. Was hat sich daraus ergeben?

Nun, die Insulaner sind ein klasse Team. Zum heutigen Stand sind daraus fünf „Diamanten" entstanden, drei davon auf der Insel. Alle zusammen generieren derzeit etwa 3,5 Mio. Euro Umsatz im Jahr! Unterschätzen Sie also nicht die „Lothars", die lange Zeit ausschließlich die Produkte benutzen.

Ich halte mich sehr viel auf der Insel auf. Es ist einfach traumhaft dort und für mich persönlich bedeutet das pure Lebensqualität. Das Licht ist phantastisch. Wir machen Wanderungen auf hohen Bergen, meist mit Blick auf das Meer. Wie gesagt: wo steht denn geschrieben, dass Trainings in einem Raum stattfinden müssen? Inzwischen berühmt geworden sind die Trainings in unserem Pool, wo uns, im wahrsten Sinne des Wortes, während der Arbeit das „Wasser bis zum Hals steht". Ich habe inzwischen so viele Freunde auf der Insel, wie ich mir das niemals vorstellen konnte. Und alles „dienstlich".

Ich liebe Empfehlungsmarketing!

Wenn Sie das mal verstanden haben, dann wissen Sie, warum ich Ihnen empfehle, die Menschen zu sponsern, die Sie wirklich mögen….

Ich habe Lothar einfach eine Möglichkeit zu einem falschen Zeitpunkt angeboten. Oder er glaubte nicht an sich. Ich habe einige in meiner Gruppe, die mehr Zeit brauchen und unsere Seminare dazu nutzen, ihre Persönlichkeit zu entwickeln. Das ist auch einer der Punkte, die mir am Herz liegen.

Kürzlich habe ich eine Mail von Annelie bekommen:

> „Du hast mich nach meinen Zielen gefragt. Diese Frage hat mir zu schaffen gemacht, weil ich mich ertappt fühlte. Ich würde gerne auch auf der Bühne stehen wie du und den Leuten von meiner Erfahrung mit diesem tollen Empfehlungsmarketing berichten. Ich habe sehr viele Bücher gelesen über Network und jedes hat mich begeisterter gemacht. Aber bei mir hapert es mit der Umsetzung. Ich fühle mich da einfach wie gelähmt und gleichzeitig schäme ich mich, dass ich es nicht auf die Reihe kriege. Ich hoffe sehr, dass man mich nicht fallen lässt und man mir die Zeit lässt, bis der Knoten platzt. Es tröstet mich, dass ich auf einer CD gehört habe, dass Tom Schreiter zwei Jahre gebraucht hat, um einen Menschen zu sponsern. So lange will ich aber nicht brauchen".

Meine Worte an Annelie und alle Annelies der Welt: Nimm dir die Zeit, die du brauchst – Du hast alle Zeit der Welt! Vielleicht könnte deine Geschichte lauten: *„Ich habe eine Möglichkeit kennen gelernt, wie ich mich finanziell unabhängig machen kann. Im Moment traue ich mir das noch nicht zu und habe auch bisher noch* *nicht damit angefangen. Aber alleine die Chance, die ich dabei habe, meine Persönlichkeit und meine Fähigkeiten zu entwickeln, ist schon genial!"*. Das wäre ehrlich – und ich könnte mir durchaus vorstellen, dass der eine oder andere dich daraufhin fragt. Und schwupps – bist du ohne Druck im Gespräch! Nur eine Bitte: Lass deinen Sponsor wissen, dass du in der „Noch-Nicht-Box" sitzt.

In unserer Branche ist jeder sein eigener Chef. Hier gibt es weder Umsatzvorgaben noch Druck. Deshalb ist es besonders wichtig, dass der Impuls von Ihnen ausgeht. Es besteht eine „Holschuld".

Einige Personen, die wir ansprechen, haben vielleicht eine schlechte Erfahrung mit Direktverkauf gemacht und wollen im Moment nichts davon hören. Kein Problem, glauben Sie mir, Situationen verändern sich. Denken Sie an meinen Bruder oder denken Sie an Lothar.

Ein **NEIN** ist niemals endgültig, weil sich die Einstellung im Laufe der Zeit durch veränderte Umstände in vielerlei Hinsichten ganz gravierend ändern kann. Manche schauen einfach zu, wie es sich bei Ihnen entwickelt! Ich behaupte heute:

„Man kann jeden Menschen sponsern, wenn man sich lange genug Zeit lässt und eine Beziehung aufbaut. Früher oder später···."

Lissys und Werners Familie ist inzwischen fast komplett dabei. Ihre Schwester kam nach einem Jahr, ihr Bruder nach viereinhalb Jahren. Bei Werner ging es etwas schneller. Die eine Schwester (Elfi) in der Schweiz kam nach einem halben Jahr, Sigrid mit Schwager Walter nach immerhin dreieinhalb Jahren dazu. Sein Bruder Dieter war schon ganz von Anfang an Produktkunde, hat aber erst nach viereinhalb Jahren aktiv mit dem Geschäft begonnen. Als Walter auf der Bühne die Bronze-Ehrung entgegennahm, sagte er: „Ich habe das Ganze aus der Schweiz beobachtet und bin meinem Schwager sehr dankbar, dass er mich nie gedrängt hat"!

Wir sind „Net-WORKER" und keine „Net-WÜRGER".

Deshalb empfehle ich auch die:

Schutzimpfung und Schneckentechnik

In dem bereits erwähnten Buch von Mark und Rene Yarnells fand ich entscheidende Hinweise, die zu diesem Punkt geführt haben.

Sie schreiben, dass 95% aller Networker, die dabei blieben, ihr Ziel erreichten. Leider ist die Zahl derer, die gar nicht so weit kommen, sehr hoch. Um dem vorzubeugen, haben die Yarnells eine Passage in ihrem Buch, die mich köstlich amüsiert hat:

„Ich weiß, dass einige von Ihnen von den Zahlen, die Sie heute gehört haben, in hohem Maße begeistert sind. Es ist mir auch klar, dass Sie die Sache – wie jeder verantwortungsvoll denkende Unternehmer – nochmals sorgfältig durchdenken wollen. Aber sehen wir den Tatsachen ins Gesicht: Wenn Sie dieses Monatseinkommen tatsächlich verdienen können, um sich in drei bis vier Jahren halbwegs zur Ruhe setzen zu können, oder wenigstens beträchtliche persönliche und materielle Freiheit zu erreichen, dann müssten Sie schon einen Gehirnschaden haben, wenn Sie sich für meinen Vorschlag nicht erwärmen könnten. Ich will Sie aber an dieser Stelle gleich vor den zwei Hauptgründen warnen, wegen derer Sie scheitern könnten. Damit Sie diese während Ihrer Nachforschungen vermeiden können: Der erste Grund für das Scheitern ist, wenn neue Networker auf Leute hören, die nicht wissen, wovon sie reden. Der zweite Grund ergibt sich daraus, NICHT auf diejenigen unter uns zu hören, die genau wissen, wovon sie reden....“

Ich musste lachen, da ist schon was dran, und ob Sie den „Gehirnschaden“ benutzen, überlasse ich Ihnen. Wichtig ist für mich, dass ich nach einem Gespräch meine Partner darauf vorbereite, dass es auch Menschen mit Vorurteilen geben kann.

Schutzimpfung

Hören Sie nicht auf Leute, die sich nicht auskennen, hören Sie nur auf die, die Erfahrungen auf diesem Gebiet haben und erfolgreich sind.

Die Chance, die Ihnen durch Empfehlungsmarketing für Ihre Zukunftsgestaltung geboten wird, ist einfach zu kostbar. Tun Sie mir und sich selbst bitte den Gefallen und hören Sie nur auf die Menschen, die bereits dort sind, wo Sie hin wollen. Jemand, der selbst nicht erfolgreich ist, kann kein guter Ratgeber sein erfolgreich zu werden. Nehmen Sie sich die Zeit sich zu informieren, holen Sie sich die Sicherheit, dass es sich hierbei um eine seriöse Branche und ein seriöses

Unternehmen handelt. Lassen Sie sich nicht durch kleine Dinge großer Chancen berauben!

Für den nächsten Punkt möchte ich Ihnen das – ich glaube wichtigste – Handwerkszeug eines Networkers vorstellen. Ohne das kann er nicht arbeiten. Es ist deshalb unglaublich kostbar, und jeder Networker muss darauf achten, dass er sich das nicht stehlen lässt. Was glauben Sie, ist dieses geheimnisvolle Instrument?

Richtig – es ist unsere **Energie**, die wir uns leider manchmal durch unnötige, fruchtlose Diskussionen rauben lassen. Und dann sind wir drei Tage platt und wagen kein Gespräch mehr.

Schneckentechnik

Die Schneckentechnik ist nur für den Anfang gedacht und hat nur ein Ziel: Das Geschoss der Ablehnung zu vermeiden. Die Schnecke zieht sich zurück, wenn sie auf ein Hindernis trifft. Das hilft einem Neuen, seine Energie zu behalten. Wenn Sie ein Jahr dabei sind, dann brauchen Sie das nicht mehr.

Stellen Sie sich vor, Sie würden Ihre Zukunft abhängig machen von der Meinung des ersten Menschen, dem sie Ihre Geschichte erzählen? Der eine ist begeistert, weil der Freund, dem er seine Geschichte erzählt hat, gerade auf der Suche nach einer Erlösung von seinem Chef war und sofort einsteigt.

Zur gleichen Zeit bricht ein anderer seine gerade begonnene „Karriere" ab, weil er als erstes auf jemanden gestoßen ist, der vor Jahren mal die Garage voller Produkte hatte und von „solchen Schneeball-Systemen" nichts mehr hören will! Eine Person hat den Ausschlag gegeben! Deshalb eine wichtiges Anliegen:

Versuchen Sie nicht, bei Einwänden zu diskutieren, sondern sagen Sie:

„Das ist ja interessant. Danke für deine Hinweise, ich werde der Sache auf den Grund gehen."

Und dann gehen Sie in Ihr Schneckenhaus zurück. Das heißt, gehen Sie zu Ihrem Sponsor und lassen Sie sich von ihm den Punkt erklären. Wenn Ihr Sponsor nicht aktiv, ausgewandert, oder gestorben ist, dann gehen Sie zum nächsten in Ihrer Upline. Suchen Sie sich einen Mentor! Wenn Sie keinen finden, melden Sie sich bei mir. Ich werde Ihnen eine Person aus ihrer aktiven Upline ausfindig machen, weil ich nicht möchte, dass jemand in meinem Team ohne Hilfestellung ist.

Erfolgreiches Zuhören

Lernen Sie ein guter Zuhörer zu sein! Dazu gibt es in unserer Bücherliste auch das gleichnamige, kleine Buch. Je länger ich im Geschäft bin, umso mehr merke ich, wie wichtig es ist, diese Eigenschaft zu beherrschen. Zugegeben, es fällt mir nicht so leicht, auch ich habe hier noch meine Herausforderungen…. Im Grunde genommen brauchen wir nur auf ein Stichwort unseres Gesprächspartners zu warten, um zum passenden Zeitpunkt mit unserer Geschichte einzuhaken. Mal ehrlich, wie oft kommen Ihnen solche oder ähnliche Sätze zu Ohren?

- *„Ich habe es satt, immer kein Geld zu haben. Ich möchte endlich mal wieder in den Urlaub fahren."*
- *„Wir sehen uns fast nie, weil wir so viel arbeiten. Wenn ich nach Hause komme, drücken mein Mann und ich uns nur die Klinke in die Hand".*
- *„Unser Sohn will unbedingt studieren, wir wissen gar nicht, wie wir das finanzieren sollen."*
- *„Mein Arbeitsplatz steht auf dem Spiel. Sie wollen die Fabrik schließen."*
- *„Ich möchte nicht mein Leben lang die Frau von XY sein!"*
- *„Die Kinder sind jetzt größer, ich will auch mal wieder etwas machen und unter Menschen kommen."*
- *„Durch die Kinderpause komme ich unmöglich wieder in meinen alten Job rein."*
- *„Ich habe letzte Woche meinen Rentenbescheid bekommen, mich hat es fast umgehauen…".*

Diese Aussagen sind hervorragend geeignet, um unsere Geschichte zu erzählen:

„Weißt du, das kenne ich gut. Ich brauche mir um die Rente keine Sorgen mehr zu machen, denn ich habe gerade eine geniale Möglichkeit entdeckt, wie ich mir nebenbei ein sicheres Renteneinkommen aufbauen kann."

Aber nicht nur vom Zuhören, sondern auch durch Fragen werden Sie dem einen oder anderen Menschen mit dieser Geschäftsmöglichkeit eine Chance für die Zukunft anbieten können. Denn Fragen sind die Antworten. Fragen Sie Ihren Gesprächspartner und dann hören Sie zu. Menschen erzählen gerne von ihren Gefühlen und Träumen. Wir alle sind froh, wenn uns jemand „sein Ohr leiht". Durch gutes Zuhören können Sie Menschen dazu verhelfen, Entscheidungen für ihre Zukunft zu treffen.

In „Erfolgreiches Zuhören“ von Shapiro findet man einen interessanten Absatz:

„Zuhören ähnelt dem Pflücken einer Frucht vom Baum. (…) Wenn Sie jemanden in seiner Rede unterbrechen, seinen Satz beenden, zu viel reden oder zu früh antworten, ist das, als ob Sie gegen einen Baum treten, bevor er die Möglichkeit hatte, Früchte wachsen zu lassen….

Nehmen wir mal an, Sie hören zu, wenn Ihnen jemand diesen Traum von der Arbeit im eigenen Heim mitteilt. Die meisten Networker würden jetzt damit beginnen, dieser Person alles über Ihr großartiges Geschäft zu erzählen, sie würden reden, reden, reden. Eine bessere Reaktion – eine Reaktion, die reife Früchte trägt, ist zuzuhören:

„Sie haben also immer schon davon geträumt, von zu Hause aus zu arbeiten? Können Sie mir mehr darüber erzählen?“ – oder: „Was ist für Sie daran so attraktiv?“.

Fragen zu stellen und zuzuhören, ermöglicht der Frucht, an ihrem Ast zu reifen. Und somit vor Ihren eigenen Augen von alleine zu Boden zu fallen.“

Das könnte ein Grund sein für meinen Erfolg. Ich bin sehr dezent und geduldig. Und ich lasse die Frucht an ihrem Baum reifen und mache niemals einen „Heiratsantrag beim ersten Date“. Deshalb bin ich heute der festen Meinung, dass wir fast alle Menschen für unser Geschäft gewinnen können, wenn wir ihr **WARUM** herausgefunden haben und eine Lösung anbieten. Und wenn wir geduldig sind. Diese Chance ist einfach zu gut, um sie nicht wahrzunehmen. Warum bin ich mir so sicher? Nun ganz einfach: Weil es nur riesige Vorteile gibt und keinen Nachteil! Unter Berücksichtigung aller „objektiven Fakten“ kann meiner Meinung nach selbst der größte Skeptiker keine andere Entscheidung treffen….

Ich bin sicher, die meisten wissen nur zu wenig über unser Geschäft und die Branche und wir zu wenig über sie. Durch Zuhören erfahren Sie früher oder später das **WARUM** und bauen eine echte Beziehung auf, die dann eine Vertrauensbasis darstellt.

Kontakte

Hier muss man die Vorgehensweise meiner Meinung nach in zwei völlig **verschiedene** Bereiche unterteilen:

Erstens: Menschen, die wir kennen und die uns von unseren Freunden vorgestellt werden, und zweitens: Menschen, die wir noch nicht kennen.

Im Grunde genommen ist es unsere Aufgabe, fünf unserer besten Freunde zu finden, denen wir helfen, ihre Ziele zu erreichen, indem wir ihnen helfen, ein Team aufzubauen. In diesem Satz wird deutlich, dass wir – wenn wir unser Geschäft wirklich so betreiben – in einer absoluten „**Biet**-stellung“ sind und keinesfalls in einer „**Bitt**-position“. Das ist ein unglaublicher Unterschied! Die Beziehung zu diesen Personen ist bereits aufgebaut – ein Riesenvorteil!

Yarnells schreiben in ihrem Buch „Power Multi-Level Marketing“:

„Die erste Phase der Arbeit mit Freunden, Familie und Bekannten ist ein wichtiger Schritt, um die nötige Erfahrung und die Arbeitsgrundlage zu erwerben, auf der Sie dann aufbauen...“ und weiter: *„...trotzdem müssen wir Ihnen sagen: Wenn Sie zu den Menschen gehören, die sich scheuen, Freunde, Verwandte, Nachbarn und Bekannte anzusprechen, weil Sie befürchten, es sich mit ihnen zu verderben oder einen schlechten Eindruck machen, dann sind sie nicht die richtige Person für dieses Geschäft. Wir können Ihnen jedoch mit einigen Hinweisen vielleicht helfen, Ihre Scheu zu überwinden. Erstens: Machen Sie niemand etwas vor, sagen Sie ihnen, dass Sie eine hervorragende Verdienstmöglichkeit haben. Oder Sie geben zu verstehen, dass Sie ihre Meinung zu einem geschäftlichen Unternehmen hören wollen.* ***Sie sollten auch daran denken,*** *dass Sie den Betreffenden einen Gefallen tun. Denken Sie daran, dass in den letzen Jahren eine ganze Menge Millionäre aus dieser Branche hervorgegangen sind“.*

Oder wie Don Failla sagt: *„Wenn sie wirklich der Überzeugung sind, man könne sich in ein bis drei Jahren zur Ruhe setzen, warum sollten sie diese Gelegenheit einem Fremden anbieten, statt sie zuerst ihren Freunden und Bekannten vorzustellen?“*

Und nun verrate ich Ihnen das große Geheimnis!

Wenn Sie Ihren fünf Aktiven aus Ihrem Bekanntenkreis **wirklich** helfen, **deren** Team aufzubauen, dann werden sie sich niemals darauf konzentrieren müssen, wie man „kalte“ Kontakte macht. Ich habe niemals eine Namensliste gebraucht. Ich hatte immer genügend zu tun, indem ich meinen Leuten geholfen habe, wiederum ihre Partner zu sponsern und auszubilden. Das ist die perfekte Ausbildung und sorgt für selbständige Partner – ohne die Empfehlungsmarketing sicher nicht zur Unabhängigkeit führt.

Wie Don Failla beschreibt: *„Sie müssen nie wieder mit fremden Menschen sprechen. Triff einen Freund und sprich mit dessen Freunden!“*

Leider wird dieser Punkt in der Praxis zu wenig umgesetzt oder genutzt. Vielleicht wird er auch nicht richtig verstanden und deshalb möchte ich hiermit – speziell an die alten Hasen – appellieren:

Ist jeder eurer Team-Partner dort, wo er hin wollte? Wenn nicht, habt ihr noch Potenzial zu wachsen. Mit den bestehenden Leuten. Ohne neue Kontakte knüpfen zu müssen. Natürlich brauchen wir dazu Partner, die ernsthaft wollen.

Partner, die sich verpflichten, die Unterstützung, die ich ihnen zukommen lasse, genauso weiterzugeben: *„Ich verspreche dir ein regelmäßiges Einkommen zu verschaffen und du versprichst dafür, deiner Downline ein regelmäßiges Einkommen zu verschaffen."* So funktioniert Teamwork: ein stetiger Fluss von oben nach unten. Hören Sie auf, etwas bekommen zu wollen. Beginnen Sie, selbst zu geben.

Aber ehrlich gesagt, ich habe noch nie ein „**NEIN**" bekommen, wenn ich meine bestehenden Partner gefragt habe:

„Ich brauche einen neuen Stern. Wen von Euch darf ich erfolgreich machen?". (Unser höchster Status ist der „Diamant". Und für jeden meiner Linien, den ich wiederum zum Diamanten verhelfe, bekomme ich einen Stern. Zum Zeitpunkt des Buchdruckes habe ich sechs.) Auch hier kann man sehen, dass wir nur erfolgreich werden können, wenn wir einem Team oder einer Person zum Erfolg verhelfen. Es nutzt mir nichts, einfach nur Umsätze zu produzieren.

Empfehlungsmarketing funktioniert dort, wo sich Leben abspielt, zwischen Menschen. Ich empfehle Ihnen, sich dort aufzuhalten, wo Ihre Freunde deren Freunde treffen.

Und wo ist das? Zum Beispiel beim Lauftreff. Wenn Sie keinen haben, dann gründen Sie doch einfach einen! Lissy und ich haben unsere ersten Gespräche während des morgendlichen Lauftreffs gemacht und dazu auch unsere potenziellen Partner eingeladen. So ein Gespräch zu dritt hat manche Entscheidung sehr beeinflusst.

Sie können auch Ihren Sponsor zum Geburtstag einladen. Und ihn dann vorstellen. *„Das ist Susanne, ich baue mir gerade ein zweites Standbein auf und sie unterstützt mich dabei!"* Natürlich ist der Geburtstag nicht für Details geeignet. Es geht nur darum, dass euer Sponsor mit euren Bekannten Kontakt aufnehmen und eine Beziehung aufbauen kann. Ich benutze dabei gerne die Maßbandgeschichte – die immer gut ankommt und erzähle, dass ich meine Ziele erreicht habe. Bei Nachfragen sage ich: *„Wir wollen heute Geburtstag feiern, aber ich bin sowieso am Freitag da für ein Training, dann kommst du am besten einfach dazu und kannst mal reinschnuppern!"*

Wenn euer Geburtstag in weiter Ferne liegt, dann ladet zu einer Grillparty ein oder zu einem Abendessen. Wie gesagt, dabei darf es nicht um das Geschäft gehen, sondern nur um den Beziehungsaufbau!

Ich sage das bewusst, weil es auch so genannte „Verschleierungs-Meetings" gibt, zu denen ein vermeintlich findiger Networker seine Freunde zu einem Essen einlädt und dann bekommen sie ein Geschäft präsentiert. Ich halte nichts von solchen Methoden und denke, sie haben dem Ruf schon genug geschadet. Wir haben das nicht nötig!

Sprechen Sie Ihre Freunde an. Loben Sie sie: *„Ich habe an dich gedacht, weil du schon immer gut mit Menschen umgehen konntest!"*, oder, *„weil du so einfühlsam bist!"*, oder, *„weil du schon immer auf mich den Eindruck machtest, dass du was von einem guten Geschäft versteht."*

Lob funktioniert übrigens immer – und ich denke, bei **JEDEM**. Natürlich muss es ehrlich sein. Ich könnte Ihnen Geschichten erzählen…. Die Lobe, die ich bekommen habe, sind alle in einem Ordner und an die Namen erinnere ich mich….

Wenn Sie ganz neu sind, fangen Sie an, bei Menschen in Ihrem Umfeld nach positiven Dingen zu suchen. Sie werden welche finden. Und die sprechen Sie dann aus! In einem halben Jahr wird sich ihr Beliebtheitsgrad in Ihrem Umfeld verdoppelt haben! In diesem Zusammenhang möchte ich jedermann das Buch „Wie man Freunde gewinnt" von Dale Carnegie wärmstens ans Herz legen.

Kürzlich habe ich das Buch „Erfolgsfaktor Networking – mit Beziehungsintelligenz die richtigen Kontakte knüpfen, pflegen und nutzen" von Uwe Scheler gelesen. Es geht dabei um ein Buch über Netzwerke im Privatleben. Seine Hinweise sind sehr nützlich und allgemein gültig. So las ich z.B.: *„Institutionelle und persönliche Netzwerke sind ein System gegenseitigen Gebens und Nehmens…"* – und: *„Glückliche Umstände sind eines, sie zu erkennen und auszunutzen ein anderes. Erfolgreiche Menschen unterscheiden sich von weniger erfolgreichen dadurch, dass sie günstige Gelegenheiten erkennen und zu ihrem Vorteil nutzen können"*. Und unter der Rubrik „Was Sie vermeiden sollten", fand ich: *„Versuchen Sie niemals, jemanden bei einer Cocktailparty etwas zu verkaufen oder ihm Ihre Dienste anzubieten. Sie können locker über Ihr Angebot reden, aber niemals Verkaufsgespräche führen"*.

Wenn Ihr neuer Partner kegelt, gehen Sie einfach mal mit. Vielleicht hat der Hasenverein Ihres Neuen ein Gartenfest, auf dem Sie sich unverfänglich bekannt machen können oder…, oder…, oder…. Sie sehen, es gibt hunderte von Möglichkeiten. Seien sie kreativ!

Mein Tipp: Legen Sie sich ein solches Buch über Networking im Privatleben zu!

Nun zum zweiten Bereich. Zurück zu den Kontakten für die Menschen, die **alle** ihre Bekannten schon gefragt haben und **ALLE** haben „**NEIN**" gesagt. (Sie merken, ich muss etwas schmunzeln. Daran kann ich nicht richtig glauben) und für diejenigen, die gerade umgezogen sind und **KEINEN** Menschen kennen.

Generell empfehle ich, sich dort aufzuhalten, wo Menschen sind, die aktiv und offen sind. Da sind zum Beispiel Seminare über alle möglichen Themen geeignet. Nehmen wir mal als Beispiel einen Kurs an der VHS für Englisch oder Rhetorik. Das sind beides Themen, die uns auf jeden Fall nutzen werden. Und dabei treffen wir Leute. Menschen, die offen und wissbegierig sind (sonst wären sie nicht da!), – ein Riesenvorteil!

Eines meiner Ziele war, genügend Geld und Zeit zu haben für meine Persönlichkeitsentwicklung. Es gibt so viele Seminare, die auch ich noch gerne besuche und der Ablauf ist meist so, dass jeder sich vorstellt und seine Geschichte erzählt. Ich habe meine noch nie erzählt, ohne dass einige Teilnehmer mich anschließend befragt haben. Und ich habe noch nie ein Seminar besucht, bei dem nicht ein neuer Partner „geboren" wurde.

Einladung Dritter

Wie Sie bereits von der Einführungsgeschichte wissen, war ich im Juli 2004 in der Schweiz und machte dort mehrere Trainings. Ein Anlass dieser Art kann von jedem in meiner Gruppe als „Pitch" benutzt werden. „Pitch" (engl.) ist ein Anlass, jemanden neutral anzusprechen. In diesem Fall könnte es ein Grund gewesen sein, die Liste Leute auszupacken und zu schauen, ob jemand in der Schweiz dabei ist – oder ob jemand auf der Liste jemanden in der Schweiz kennt…. Ich kann dann anrufen und sagen: *„Du Egon, ich habe an dich gedacht. Ich habe mich selbständig gemacht und mein Unternehmen expandiert in die Schweiz. Wir machen nächste Woche dort eine Informations-Veranstaltung. Kennst du jemanden, der sich beruflich verändern will oder ein zweites Standbein sucht?"* Vielleicht wird er sagen: *„Ja, um was geht es denn da? Wäre das vielleicht auch was für mich?"*

Auf jeden Fall kann sich daraus ein Gespräch entwickeln und ich habe die Möglichkeit, mein Angebot zu machen.

Eine Einladung zu einem Seminar als „Pitch“

Ich garantiere Ihnen, dass es ständig ein Seminar im Veranstaltungskalender gibt, zu dem Sie Gäste einladen können.

„Du Hans, ich habe mich selbständig gemacht und unsere Firma organisiert gerade ein Seminar mit XY, da geht es um Strategien für den persönlichen Erfolg. Der Mann ist ein Spitzentrainer und seine Seminare kosten normalerweise fast 500 Euro. Wir haben durch unsere großen Teilnehmerzahlen die Möglichkeit, die Karten für 15 Euro zu bekommen. Ich habe gleich an dich gedacht, weil du ja immer Interesse für Neues hast. Soll ich dir eine Karte besorgen?“

Und was kann passieren? Hans wird fragen: „Ja *was machst du da denn genau?“*. Und schon haben wir wieder einen Grund, unsere Geschichte zu erzählen: *„Du kennst ja meine Situation. Ich verdiene zwar viel Geld in meinem Beruf, aber meine Familie leidet darunter, dass ich fast nicht mehr zu Hause bin. Ich will so nicht mein ganzes Leben verbringen und habe letzten Monat eine Möglichkeit kennen gelernt, wie ich meinen gewohnten Lebensstandard behalten und trotzdem gleichzeitig mehr Freizeit genießen kann.“*

Zwischen Tür und Angel

Versuchen Sie niemals Empfehlungsmarketing oder Ihr Unternehmen zwischen Tür und Angel vorzustellen. *„Er würde genügend Information bekommen um abzulehnen, aber nicht genug, um* ***„JA“*** *sagen zu können“*, wie Don Failla in seinem Buch schreibt. Sagen Sie doch lieber – nachdem Sie mit Ihrer Geschichte bereits Neugierde geweckt haben: *„Die Gelegenheit ist zu schade, um zwischen Tür und Angel präsentiert zu werden. Lass uns zusammen einen Cappuccino trinken, dann erkläre ich dir alles. Wann hast du Zeit?“*.

Was Sie auf jeden Fall machen können, ist vorab eine neutrale CD zu überreichen. Es sollte natürlich auf keinen Fall der Eindruck entstehen, dass ich nichts sagen **will** – das würde eher Misstrauen hervorrufen.

Die „umgekehrte Ansprache“ oder die „Sie-haben-es-nicht-nötig-Methode“.

Menschen neigen dazu anders zu reagieren, als wir erwarten. Im Grunde genommen wissen wir das genau – wie viele Dinge, die im menschlichen Leben normal sind, die wir aber gerne vergessen, wenn wir im Empfehlungsmarketing anfangen. Ich erzähle immer gerne ein Beispiel. Wenn ich zu meiner Freundin sage: *„Du, ich habe ein tolles Anti-Aging Mittel entdeckt, das wäre super für deine Falten"*, *dann wird sie wahrscheinlich entrüstet sagen: „Wie kommst du darauf, ich habe doch gar keine Falten!"* Aber wenn ich dagegen sage: *„Du, ich habe ein neues Anti-Aging Mittel gegen Falten entdeckt, aber* ***du*** *brauchst das ja nicht, du hast ja keine...."*, dann wird Sie vermutlich zum Beweis mit Daumen und Zeigefinger an der Backe zwicken und sagen: *„Da irrst du dich – hier schau, was ich für Falten habe!"* Sie verstehen, was ich meine? Versuchen Sie mal, einem Bekannten zu sagen: *„Ich habe angefangen, mir ein zweites Standbein aufzubauen, aber du brauchst das ja nicht, du verdienst ja in deinem Beruf schon genug..."* oder, *„du hast ja genügend Geld"*. Es funktioniert (fast) immer....

Zeitversetzte Herangehensweise

Paula Pritchard beschreibt in ihrem Buch „Wie Sie sich selbst besitzen", wie sie Interesse bei Menschen weckt. Sie notiert sich die Punkte, die ihr beim Gespräch aufgefallen sind und ruft später an: *„Du hast doch am Sonntag gesagt, dass du gerne ein eigenes Haus hättest. Hast du nur Spaß gemacht oder meinst du das ernst?"*

Natürlich sagt keiner, dass er nur Spaß gemacht hat und so kann sie ihm dann die Möglichkeit präsentieren.

Diese „zeitversetzte" Herangehensweise findet man in verschiedenen Büchern beschrieben und ich finde sie sehr gut, gerade bei Freunden und Bekannten, die ich auf jeden Fall wieder treffe. Sie erinnern sich: Bei Menschen in meinem engen Umfeld habe ich die Möglichkeit, den Samen zu legen und dann zu wässern.

Das bedeutet, dass ich beim ersten Treffen nicht unbedingt über das Geschäft spreche. Ich möchte den Eindruck vermeiden, dass ich nur an einer Freundschaft interessiert bin, weil ich den anderen sponsern möchte. Wenn mir jemand sympathisch ist, dann will ich ihn/sie auf jeden Fall kennen lernen. Und dann natürlich sponsern, weil ich gerne Zeit mit ihm verbringen und ihm helfen möchte. Ich habe damit kein Problem, ganz einfach, weil meine Einstellung die ist, dass ich die beste Gelegenheit der Welt zu bieten habe.

Wie schon gesagt, meiner Meinung nach kann man jeden sponsern, wenn man sich intensiv um ihn/sie bemüht und eine Beziehung aufbaut.

Geduld ist ein wichtiger Faktor in unserer Branche. Ich erzähle immer gerne eine Geschichte, die ich vor Jahren über den Bambusbaum gehört habe. Man setzt ihn und gießt. Ein Jahr lang – und nichts ist zu sehen. Dann gießt man auch im zweiten Jahr – ohne sichtbaren Erfolg. Im dritten Jahr gießt man wahrscheinlich schon aus Gewohnheit und erst im vierten Jahr wächst der Baum plötzlich über 20 Meter hoch! Die Frage ist jetzt: Wie lange hat er nun gebraucht? Ein Jahr oder vier Jahre?

Im Empfehlungsmarketing ist es ähnlich. Natürlich soll jetzt nicht der Eindruck entstehen, man könne einen Samen legen und warten, bis er von selbst sprießt. Oder gar untätig darauf sitzen und ihn ausbrüten (Leider eine oft benutzte Form des Networkings). Das Geheimnis im Empfehlungsmarketing ist, dass wir einfach weitersäen. Am besten, ohne an die Ernte zu denken. Und uns auf keinen Fall an denen aufhalten, die **noch nicht** wollen.

Deshalb brauchen wir, um die fünf Ernsthaften zu finden, vielleicht 15-20 aktive Partner. Und vielleicht sollte ich auch noch betonen, dass wir ja nicht alle fünf auf einmal brauchen! Ich denke, das ist für jedermann mit Unterstützung des Sponsors möglich.

Unsere Web-Seite

Wenn ich die Möglichkeit habe, meinen Mund zu benutzen und das OPC-Buch, den Katalog und vielleicht ein paar „Beweise", wie zum Beispiel meine Abrechnungen der ersten Monate zu zeigen, dann ist das für mich immer noch die beste und persönlichste Art miteinander zu kommunizieren.

Aber natürlich gibt es auch Situationen, wo ich mein Gegenüber vielleicht noch nicht so gut kenne, Situationen, die sich spontan oder zufällig ergeben haben – vielleicht auf einer Messe oder im Zug eine Visitenkarte ausgetauscht – und wirklich keine andere Möglichkeit besteht, meinem Gegenüber beispielsweise die Details nochmals aufzuzeigen. In diesen Fällen besteht die Möglichkeit, auf unsere Web-Seite zu verweisen.

Ich habe mich dem „sanften Druck" der Allgemeinheit, die eine Webpräsenz des Eagle-Team-International wollte, gebeugt. Ich oute mich jetzt gewissermaßen, indem ich meine tiefe Überzeugung mitteile: Ich weiß, dass man heute dabei sein muss – man kommt nicht drum herum. Und um Informationen zu versenden, ist das Internet mit E-Mails und all seinen Möglichkeiten genial. Wenn Sie aber zu Ihren Partnern keinen persönlichen Kontakt aufnehmen und eine Beziehung aufbauen, wird es Ihnen nichts nutzen!

In „Wave 4, Network Marketing im 21.ten Jahrhundert" von Richard Poe fand ich vor Jahren schon ein Kapitel, das mir nicht mehr aus dem Kopf geht:

„Die Manie der 3. Welle droht, MLM zu einem beziehungslosen Geschäft werden zu lassen. Die Tatsache könnte Networkern in vielen Bereichen schaden. Der Einsatz von automatisierten Werbemethoden wie E-Mail, Webseiten und Faxabruf führt dazu, dass Menschen mit Downlines von 10.000 Menschen enden, die nur einmal Waren bestellen, von denen man jedoch nie wieder hört. So baut man aber kein passives Einkommen auf. Network Marketing funktioniert am besten, wenn man es einfach hält – indem man täglich mit Menschen von Angesicht zu Angesicht und von Herz zu Herz arbeitet. Der einzige Leim, der ein Network für lange Zeit zusammenhalten lässt, besteht aus Freundschaft, Loyalität und persönlichen Beziehungen.

Das kann ich nur unterstützen!

Es gibt Berichte darüber, dass ein Baby nicht überleben kann, wenn es nur Nahrung bekommt. Viel wichtiger ist dabei die emotionale Zuwendung bei der Nahrungsübergabe. Genauso sehe ich das mit Informationen. Wenn wir nur Informationen per E-Mail weitergeben und es findet kein Anruf oder persönlicher Kontakt mehr statt, dann wird unser Team emotional verhungern. Das werden wir dann allerdings erst später wissen…, oder vielleicht auch nicht. Entgangenen Nutzen können Sie nicht messen!

Informationsfluss

Empfehlungsmarketing funktioniert durch Kommunikation und Promotion.

Ich lasse bei meinen Trainings oft raten, welches die wichtigste Fähigkeit im Empfehlungsmarketing ist. Aus meiner Erfahrung weiß ich heute sicher, dass jemand, selbst wenn er **NULL** Fähigkeiten hat, trotzdem erfolgreich werden kann, wenn es ihm gelingt, Menschen „von A nach B“ zu bewegen. Diese Fähigkeit zu promoten sticht alle anderen aus….

Erst kürzlich kam im Fernsehen der Kinofilm „Das Glücksprinzip“, in dem auf fantastische Weise das Network in der 3er Duplikation gezeigt wurde. Es geht um einen kleinen Jungen, der die Welt verbessern will. Er tut drei Menschen etwas Gutes unter der Bedingung, dass sie die gute Tat jeweils wieder an drei Menschen „weitergeben“. Und diese natürlich auch wieder an drei. Ich hatte das Buch dazu „Das Wunder der Unschuld“ gelesen und als ich sah, dass der Film dazu im Fernsehen kommt, habe ich das promotet. (Das Buch war allerdings um Klassen besser) Trotzdem war der Film ein toller „Pitch" – also ein Grund zur Promotion. An diesem Beispiel möchte ich Ihnen die vier Stufen des Verständnisses für Empfehlungsmarketing aufzeigen:

Wenn ich meine Anna anrufe und sie sagt *„Ja, ich schau mir den Film an"*, dann hat sie die erste Stufe verstanden. Wenn meine Anna nun sagt: *„Ja, ich schau mir den Film an und sage meinen Partnern, dass sie sich auch den Film anschauen"*, hat sie schon die zweite Stufe verstanden. Die dritte Stufe wäre: *„Ja, ich schau mir den Film an, sage meinen Partnern, dass sie sich auch den Film anschauen und sage meinen Partnern außerdem, dass sie den Film bei deren Partnern promoten sollen."*

Wenn diese Stufe erreicht ist, funktioniert die Durchblutung bis in den letzten Zeh perfekt! Und die allerhöchste Stufe ist erreicht, wenn wir auch daran denken, Bekannte, die schon längst auf unserer Namensliste stehen und die wir noch nicht gesponsert haben, auch über den Film zu informieren und unseren Annas beibringen, dass sie ihren Annas beibringen, auch an die Personen auf ihrer Namensliste zu denken.

Als ich dieses System 1999 kennen gelernt habe, ist mir bewusst geworden, was für eine Dynamik und Macht dahinter steckt, wenn die „Durchblutung bis in den kleinsten Zeh" funktioniert. Das bedeutet, dass der am weitesten von Ihnen Entfernte (gemessen in Ebenen) die Informationen auch bekommt! Stellen Sie sich vor, Sie sind ein Jahr dabei und haben Ihre 780 Personen in der Downline. Nun kommt eine Neuigkeit (vielleicht dieses Buch?), oder es gibt ein Seminar zu promoten. Wenn es keine „Durchblutungsstörungen" gibt, würde das so funktionieren:

Ich schicke eine E-Mail mit dem Termin. Dann gehe ich sofort ans Telefon und rufe meine fünf Annas an: *„Hallo, ich habe dir grade eine E-Mail geschickt – Jörg Löhr kommt nach Stuttgart. Das wird der Hammer, da müssen wir unbedingt hin. Bitte ruf alle deine Firstlines an und promote den Termin. Und sag ihnen, dass sie wiederum den Termin bei ihren Firstlines promoten sollen!"*

Das wären für mich fünf Anrufe. Wenn meine Annas ihre Bertas informiert haben, wissen es bereits 25 Personen, und wenn die ihre Christas anrufen, wissen es 125 Personen. Denken Sie mal drüber nach, was passieren würde, wenn ein Netzwerk gut funktioniert. Wie lange brauche ich für die fünf Gespräche? Eine Stunde? Sagen wir zwei Stunden?

Das heißt, wenn ich morgens um 9:00 Uhr meine 5 Annas informiert habe, könnten es um 11:00 Uhr schon 25 Personen wissen, um 13:00 Uhr 125, um 15:00 Uhr 625. Damit wäre nun Ihre komplette Downline mit 780 Personen informiert! Können Sie erkennen, was ich meine? Und ich habe nur mit meinen fünf Annas gesprochen.

Leider sieht die Realität etwas anders aus. Ich glaube, dass die meisten diese Dynamik nicht verstehen und deshalb auch (noch) nicht verantwortungsbewusst damit umgehen. Denn was passiert, wenn nur vier meiner fünf Annas die Informationen weitergeben? Was glauben Sie, kommt dann dabei anstatt 780 Personen heraus? Normalerweise 80% der Summe – so schätzen zumindest die meisten. Aber das ist wieder ein Beweis mehr, dass man die Kraft des Empfehlungsmarketings nicht so einfach verstehen kann.

Es wären statt den 780 nur noch 425 Personen! Das heißt, fast die Hälfte Ihrer Downline wäre **nicht** informiert!

Duplikation funktioniert auch im negativen Sinne!

Deshalb gibt es für diesen Punkt keine Toleranz: Wenn Sie einen neuen Partner ins System bringen, sorgen Sie dafür, dass er an den Informationsfluss angeschlossen ist (**www.mitgliederbereich.com**). Und dann rufen Sie ihn trotzdem nochmals an und **promoten** das, was wichtig ist. Eine E-Mail wird meiner Erfahrung nach ca. zu 20% gelesen. (ich bin ziemlich heimtückisch und mache immer wieder kleine unbemerkte Tests). Ein Anruf wird zu 100% registriert. Wollen Sie Ihre Quote um das fünffache erhöhen?

Dann greifen Sie zum Hörer…!

Typische Fragen

Bei einem Gespräch mit Interessenten tauchen natürlich immer wieder Fragen bzw. Einwände auf. Es sind immer dieselben, deshalb ist es recht einfach, damit umzugehen. Der wichtigste Punkt dabei ist, gleich zu Beginn herauszufinden, ob jemand nur nicht „**NEIN**" sagen will und jetzt alle möglichen Einwände und Fragen hat, oder ob wirkliches Interesse besteht. Den Unterschied zu spüren ist sehr hilfreich, denn es macht keinen Sinn und kostet viel Energie, sich mit der „ersten Sorte" intensiv zu beschäftigen.

Die zweite Sorte ist mir sehr willkommen. Ich schule mein Team immer dahingehend, dass sie sich ihres Bauchgefühls sicher sein sollten, um überzeugend zu wirken.

Natürlich tauchen bei uns immer wieder auch die mehr oder weniger typischen Einwände auf. Deswegen habe ich hier einmal eine Auswahl an Einwänden zusammengestellt:

„Ich habe kein Interesse."

Yarnells haben dazu eine gute Antwort: *„Ich kann das verstehen. Die Tätigkeit ist nicht für jeden etwas. Aber um es besser verstehen zu können, an was genau haben Sie kein Interesse? An mehr Geld oder an mehr Freizeit?"* (Das ist natürlich ein Scherz – Mein Gesprächspartner kommt in die „Noch-Nicht-Box").

„Mein Lebenspartner ist dagegen."

Meiner Erfahrung nach kommt das häufig vor – vor allem, wenn ein Partner alleine informiert wurde. Deshalb schlage ich grundsätzlich vor, das Gespräch zusammen mit dem Lebenspartner zu führen. Und wenn es nicht geht – erzählen Sie die Geschichte von Lissy und Werner! (Einen Artikel aus der „Network Press" zu den beiden finden Sie unter **www.gabisteiner.de** unter „Mein Team" und dann „Publikationen").

„Kenne ich schon."

Wissen Sie, was ich darauf sage und das ist mein voller Ernst: *„Ich glaube nicht, dass du es kennst. Denn wenn du es kennen würdest, würdest du es machen!"* Jeder hat schon mal was von Esso und Shell gehört, aber kennt er da alle Details? Fragen Sie doch einfach, was er schon kennt.

Ehrlich gesagt, ich halte es für einen großen Vorteil, wenn wir der Zweite sind, der jemanden auf unser Geschäft anspricht. Ging es Ihnen nicht auch schon so im Leben, dass kurz aufeinander zweimal dasselbe Thema auf Sie zukam, und Sie gedacht haben: *„Jetzt höre ich das schon zum zweiten Mal innerhalb kurzer Zeit, jetzt muss ich mich aber doch informieren!"*. Gerade heute Mittag habe ich mit Thommy gesprochen, einem meiner langjährigen Freunde, der nun dieses Jahr gestartet ist. Er war gestern der Zweite und hat herausgefunden, dass bei der ersten Ansprache zwar die Fakten interessant waren, aber die Chemie nicht gestimmt hatte! Seine Aussage war: *„Ich freue mich über jeden, der das schon mal gehört hat. Da hat schon jemand die Vorarbeit geleistet!“*.

„Ich ernähre mich gesund, ich brauche keine Vitamine.“

Früher habe ich darüber diskutiert. Heute halte ich mich an Lissys Rat und sage: *“Das finde ich phantastisch, dass Sie es noch schaffen, am Tag fünf bis sieben Portionen frisches Obst und Gemüse zu essen! Großes Lob! Ich persönlich als Geschäftsfrau schaffe das leider nicht mehr. Vor allem ist ja der Bioladen auch nicht ganz billig…!“*

Das ist genial! Die Reaktionen sind sehr unterschiedlich, weil vermutlich **keiner** am Tag auch nur drei Portionen Obst und Rohkost isst. (Statistisch sind es übrigens 1,2 Portionen pro Europäer).

Dass sich beim Kochen die Vitamine verabschieden, ist ja inzwischen kein Geheimnis mehr. Und wer hat heute die Zeit, jeden Tag auf den Markt zu gehen?

Aber da ist noch ein ganz anderer Grund. Dieses Thema fasziniert mich und liegt mir sehr am Herzen, deshalb möchte ich Ihnen gerne noch ein paar Impulse dazu geben. Kürzlich habe ich eine neue Broschüre über OPC in die Hände bekommen. Kurz, prägnant und günstig – einfach gesagt: genial! Darin ist ein Thema beschrieben, dass für mich ein ganz Besonderes ist:

„Die meisten Wissenschaftler sind heute davon überzeugt, dass ein Mensch ohne weiteres 120 Jahre alt werden kann. Wenn Sie jetzt 60 Jahre alt sind, könnten Sie also gut und gerne noch ein halbes Jahrhundert leben“!

Weiterhin beschreibt die Broschüre:

„Die Zahlen der WHO (World Health Organisation) sind uralt und allein die Art und Weise, wie die Bedarfswerte damals ermittelt wurden, mutet wie ein schlechter Scherz an: Versuchspersonen, die sich freiwillig zur Verfügung stellten, wurde ein Vitamin so lange entzogen, bis erste eindeutige Mangelerscheinungen auftraten. Dann führte man es kontinuierlich wieder zu, bis die Symptome verschwunden waren. Die dafür benötigte Dosis entspricht dem täglichen Bedarf nach WHO. Ich kann Ihnen versichern, dass Ihnen mit der Zufuhr von 100 Milligramm Vitamin C am Tag zwar nicht die Zähne ausfallen, aber ein harmloses Schnupfenvirus lacht sich wahrscheinlich kaputt über Ihre Bemühungen.“

Die 120 möglichen Jahre sind keine Einzelmeinung. Aufgrund meiner langjährigen und intensiven Beschäftigung mit diesem Thema bin ich sicher, dass das machbar ist. Und das strebe ich an. Wenn ich davon erzähle, bekomme ich manchmal die Antwort: *„So alt will ich gar nicht werden!"*

Na ja, da lach ich mich dann kaputt – ich habe bisher noch keinen getroffen, der, wie Strachowitz sagt, *„von seinem Recht des sozialverträglichen Frühablebens Gebrauch macht"*. Meine Antwort darauf fällt auch entsprechend aus: *„Das kommt natürlich darauf an, wie Ihre Rente aussieht. Bei meinem Einkommen lohnt es sich, 120 zu werden!"*

Natürlich gehört dazu mehr als nur gesunde Ernährung. Es gibt genügend Bücher, die darüber informieren und die Sie lesen können, wenn Sie das Thema interessiert. Dazu gehört, außer hochwertiger Nahrungsergänzung (nicht zu knapp, also keineswegs die „Schwabendosierung"), auch Bewegung, ausreichend Wasser und eine positive Lebenseinstellung.

Das Allerwichtigste in unserer Zeit ist die Notwendigkeit, unseren Körper zu entgiften. Vitamine können diese zusätzliche Funktion übernehmen. Dazu möchte ich Ihnen eine Geschichte aus einem Buch von Dr. Strunz, dem bekannten „Fitness-Papst", erzählen.

„Kennen Sie die Geschichte mit dem Huhn und dem Nickel?

Da gab es Forscher, die haben Hühner in zwei Gruppen aufgeteilt. Die eine Gruppe bekam Superfutter, die andere nährstoffarme Billigware (Hühnerfastfood). Dann haben die Forscher beiden Gruppen Nickel in das Futter gemischt. Von Nickel wissen Sie: nickelhaltiger Schmuck verursacht Allergien an den Ohren und am Bauch und ist insgesamt ziemlich giftig. Nach ein paar Wochen wurden die Hühner geschlachtet und im Labor untersucht. Und was stellten die Forscher fest? Im Fleisch der mit Superfutter ernährten Hühner war kein Nickel nachweisbar! Nur ganz geringe Spuren in den Entgiftungsorganen Leber und Nieren. Die Gruppe mit dem „Hühner-Fast-Food" hatte Nickel im Fleisch und die Leber und Nieren waren hochgradig mit Nickel vergiftet."

Diesen Versuch machen Sie, liebe Leser, gerade mit!

...und zu welcher Gruppe von Hühnern gehören Sie?

„Zu teuer."

Das ist ein Thema, das meist bei den Menschen auftaucht, die noch im „Produktverkauf" unterwegs sind und den Unterschied zum Network noch nicht erkannt haben. Wer will heute auf einen Blick den Wert eines Produktes beurteilen? Mit was vergleichen Sie das? Eines unserer Hauptprodukte ist OPC

– Oligomere Proanthocyanidine (vergessen Sie das gleich wieder). Diesen Stoff hat Prof. Masquelier entdeckt, und es gibt ein Buch von Anne Simons mit dem Titel: „Gesund länger leben durch OPC." Ich möchte Ihnen nochmals ausdrücklich sagen, dass dieses Buch unabhängig ist – Sie können es in jedem Buchladen kaufen. Inzwischen gibt es ein Arbeitsbuch darüber mit einem Fragebogen und 33 Fragen: „Brauchen Sie OPC?"

Weltweit gibt es mehr als eine Million Internetseiten über OPC, das auch als das Anti-Aging Vitamin des Jahrtausends bezeichnet wird. Ein einflussreiches deutsches Schönheitsmagazin schrieb, dass OPC derzeit auf dem besten Weg ist, sich als Anti-Aging Wirkstoff am Markt zu etablieren. Ich möchte anhand dieses Beispiels aufzeigen, wie schwierig es ist, die Preise zu vergleichen. Wenn Sie auf ein Produkt mit der Bezeichnung „Traubenkernextrakt" oder „Pyknogenole" treffen, haben Sie es mit einem einfachen Traubenkernprodukt zu tun. **„Proanthenols"** ist weitaus mehr als nur OPC! **Proanthenols** ist eine Mischung aus Traubenkernextrakt und Pinienbaumrinde sowie weiterer Inhaltsstoffe, die einen hohen synergistischen Effekt haben (**1+1=5!**).

OPC verstärkt die Wirkung aller Antioxidantien (zum Beispiel Vitamin E und Vitamin C) um ein Vielfaches. Vor allem bei Vitamin C weisen viele Menschen einen Mangel auf. Aus diesem Grund hat das Unternehmen, mit dem wir zusammenarbeiten, das **Proanthenols** zusätzlich mit 200mg **Vitamin C**, **Quercetin**, **Rutin** und **Hesperidin** angereichert. Dieses erweiterte OPC ist zu 100% **bioverfügbar**. Der in anderen Produkten anzutreffende hohe Zelluloseanteil wurde hier durch die synergistische **Phytozyme Basis** ersetzt. Proanthenols ist also eine phänomenale Weiterentwicklung des herkömmlichen OPCs.

Dieses Thema ist sehr interessant. Viele Unternehmen gehen damit etwas leichtfertig um. Der Anteil an reinem OPC und vor allem die **Bioverfügbarkeit** sind hier ebenfalls von extremer Wichtigkeit. Tests haben nachgewiesen, dass es hier Unterschiede in der Größenordnung zwischen **5% und 100%** gibt. Wie soll ein Laie beurteilen können, wofür er sein Geld ausgibt?

Echtes, qualitativ hochwertiges OPC hat auf dem Weltmarkt seinen Preis. Auch ein Goldring kann niemals günstiger sein, als das Rohgold. Der Preis ist also auch ein Maßstab für die Qualität. Und wenn Sie den Preis vergleichen, dann müssen Sie natürlich auch die OPC-Menge pro Pressling anschauen. Es ist schon ein Unterschied, ob 50 oder 100mg in einer Kapsel sind. Aber das sind nicht die einzigen Argumente. Denken Sie an die Tankstelle!

Stört es unsere spezielle Tankstelle, wenn zu „Ruedi Rüssel“ und „Shell“ auch noch „Aral“ in derselben Straße eine Tankstelle eröffnet? Mitnichten! Wir haben keine Konkurrenz, unser Alleinstellungsmerkmal ist, dass wir durch den Verbrauch eines Produkts, das wir sowieso brauchen (Ich hoffe, Sie konnten sich wenigstens davon überzeugen!) unsere Ziele erreichen können!

Und letztendlich: Wie lange wird Ihr neuer Partner für seine Produkte brauchen, bis seine eigenen Produkte refinanziert sind? Ich hoffe, Sie verhelfen ihm sehr schnell dazu!

„Ich mag die Dinge nicht tun, die ich im Empfehlungsmarketing tun muss.“

Hierzu habe ich einmal einen sehr aufschlussreichen Artikel gelesen mit dem Titel „Man muss es nicht mögen…“.

Als ein erfolgreicher Networker dieses Argument bekam, sagte er zu seinem Interessenten:

„Wollen Sie mir allen Ernstes sagen, dass Sie es während der letzten 30 Jahre gemocht haben, vom Dröhnen eines Weckers in Ihren Ohren aufgeschreckt zu werden? Haben Sie es gemocht, morgens loszurasen, um dann im Stau zu stehen und den Auspuffqualm anderer Autos einzuatmen? Haben Sie es gemocht, mit einer Bande negativer Menschen zusammenzuarbeiten, die ihre Intrigen in der Firma gesponnen haben? Haben Sie es gemocht, wenn man Ihnen vorgeschrieben hat, wann Sie in die Mittagspause gehen dürfen, Urlaub nehmen können, wann Sie krank sein dürfen und wie viel Geld Sie wert sind?“

Er schloss damit ab, dass er ebenfalls eine Menge Dinge nicht mögen würde, die man im Network Marketing tun muss, aber dass er es noch weniger mögen würde, 30 oder 40 Jahre lang angestellt zu sein. *„Und wenn ich schon Dinge tun muss, die ich nicht mag, dann tue ich es lieber nur vier Jahre anstatt 40 Jahre!“*

Und am Ende sagte er einen Satz, der mich sehr berührt hat: *„Aber wundern Sie sich nicht, wenn Sie die Dinge, die Sie tun müssen nicht nur mögen, sondern lieben werden“.*

Ich habe diese Geschichte schon viele Male erzählt. Und darum geht es – will ich vier Jahre arbeiten und dann mein Ziel erreicht haben, oder 40 Jahre? Wollen Sie das 4-Jahre oder das 40-Jahre-Modell?

„Marktsättigung."

Eine Marksättigung zu erzielen ist nahezu unmöglich, weil wir mit Verbrauchsgütern arbeiten. Wenn Sie so wollen, haben viele große Unternehmen eine „Marktsättigung" erreicht – sie stellen niemanden mehr ein und verkaufen nur noch ihre Produkte! Mein Team hat nach fünf Jahren eine Größe von ca. 30.000 Anwendern erreicht. Europaweit. Und dabei zähle ich nur die, die aktiv bestellen. Sie sehen: da ist noch genügend Potenzial vorhanden!

„Wo ist der Haken?"

Eine Frage, die immer wieder aufkommt, ist die nach dem „Haken". Und meine Standartantwort darauf ist: *„Sie haben ihn gerade gefunden!"*

Ich möchte Ihnen dazu eine Geschichte erzählen:

Stellen Sie sich vor, Sie sind in einem Raum, der Redner hat einen 100 Euro-Schein in der Hand und sagt: *„Ich verkaufe diesen Schein für 10 Euro. Wer will ihn haben?"* Was würden Sie tun? Aufspringen, und: *„Ich!"*, rufen? Oder lieber warten, was die anderen tun? Leider haben wir im Leben beigebracht bekommen, dass nur „Trottel" auf so ein Angebot hereinfallen.... Und deshalb erwarten Sie einen Haken. Wer glaubt schon, dass jemand so ein fantastisches Angebot macht? Und wenn etwas so gut aussieht, dann **muss** ein Haken dran sein.

Manchmal wünschte ich mir, es wäre einer dran – wenigstens so ein „klitzekleiner".... Vielleicht würde es dann einfacher sein, wenn man den gleich findet und akzeptiert. Aber was haben wir stattdessen? Eine Möglichkeit, **ALLES** zu erreichen, was wir wollen. Ohne Grenzen: Visionen, Träume, Gesundheit und Freizeit. Das Ganze ohne Risiko. Und der Einsatz? Je nach Ziel mehr oder weniger Zeit. Und ein paar Euro für Sprit und Bücher, die auch noch von der Steuer absetzbar sind....

Den Haken finden Sie, wenn Sie morgens in den Spiegel schauen.

Passives Einkommen aus der Tiefe

Im vorletzten Kapitel konnten Sie sich schon an die größeren Zahlen gewöhnen. Deshalb möchte ich Ihnen hiermit einen Einblick in die **Tiefe** gewähren.

Ein Unternehmen, dessen Marketingplan ausschließlich auf das Empfehlungsmarketing ausgerichtet ist, kann mehr in der Tiefe ausschütten, als Firmen, die eine Direktverkaufskomponente haben.

Ich will Ihnen das erklären: Gehen wir mal davon aus, dass im Schnitt insgesamt 60% im Vertrieb ausgeschüttet werden. Nun zwei Beispiele:

Die erste Firma gewährt 30% Rabatt im Direktverkauf oder Verkauf und schüttet 30% in der Tiefe für den Aufbau der Organisation aus. Sagen wir mal verteilt auf sechs Ebenen à 5%. Das ist in der Realität schon sehr tief. Die zweite Firma, ein Unternehmen im reinen Empfehlungsmarketing, hat keinen Direktverkauf und kann so die gesamten 60% in die Tiefe ausschütten. Sagen wir mal als Beispiel, verteilt auf 12 Ebenen à 5%.

Sie sehen, dass die Summe, die das Unternehmen ausschüttet, in beiden Fällen gleich ist, nämlich 60%.

Für die Firma macht es also keinen Unterschied. **Aber für uns**.

Mein Einkommen generiert sich im Moment zu 95% aus der fünften Ebene und tiefer – stellen Sie sich vor, unser Marketingplan würde, wie viele andere, aufgrund des hohen Direktvertriebs-Anteils nur vier bis fünf Ebenen tief ausbezahlen können?

Ein Vergütungsplan, der tief ausbezahlt, kann für Sie eine wahre Goldgrube sein, die Ihnen ein stabiles, mit dem **Faktor Zeit** kontinuierlich wachsendes, passives Einkommen beschert!

Schon am Vergütungsplan können Sie erkennen, dass Sie im Empfehlungsmarketing Freunde treffen, die ihnen helfen, wieder mit deren Freunden über diese geniale Möglichkeit zu reden. Karl Pilsl sagt:

> **„Wir müssen es schaffen, dass die Menschen erkennen, dass wir nicht etwas VON ihnen wollen, sondern etwas MIT ihnen bewegen wollen."**

Damit Sie die Größe des Unterschiedes in der fünften, sechsten und tieferen

Ebene sehen können, lassen Sie uns einfach davon ausgehen, dass jeder fünf Personen sponsert, und das über die vierte Ebene hinaus, was einzig und allein Zeit erfordert!

Ebene	1	5	Annas
Ebene	2	25	Bernds
Ebene	3	125	Christas
Ebene	4	625	Dieters
Ebene	5	3.125	Emilies
Ebene	6	15.625	Friedrichs
Ebene	7	78.125	Gerdas

Ich habe im Beispiel nur bis zur siebten Ebene gerechnet. Da dies ein Praxisbuch sein soll, möchte ich nur mit Zahlen rechnen, die ich bis jetzt schon erreicht habe. Im Sommer 2004 hatte ich ungefähr 30.000 Menschen in meinem Team. Das ist also eine Zahl, bei der ich aus Erfahrung spreche. Alles was darüber hinausgeht, ist auch für mich (noch) Theorie, den Rest überlasse ich Ihrer Fantasie.

Unser Unternehmen zahlt von jedem Produkt, das gekauft wird, insgesamt zehn „Stücke" aus, je nach Qualifikation. Details erfahren Sie von Ihrem Sponsor. In meinem Buch für Fortgeschrittene werde ich näher darauf eingehen.

Ich weiß, dass es etwas schwierig zu verstehen ist, aber ich möchte mit diesem Beispiel lediglich erreichen, dass Sie erkennen können, dass jede Ebene, die ein Unternehmen mehr in die Tiefe ausschütten kann, für Sie eine riesige Einkommenserhöhung bedeuten wird.

Seltsamerweise kann man diesen Riesenvorteil auf den ersten Blick oft nicht erkennen. Auch ich dachte bei meinem ersten Zusammentreffen mit diesem Plan an einen Nachteil. Bei meinem vorherigen Unternehmen hatte ich einen sehr hohen Rabatt für meine eigenen Produkte und war anfangs traurig darüber, hier keinen zu haben. Erst allmählich ging mir ein Licht auf, und ich erkannte den enormen Vorteil.

Trainingstreffen

Die meisten Network Marketing Firmen haben so genannte „Meetings", auch „Info-" oder „Sponsortreffen" genannt. Es handelt sich dabei um Treffen, bei denen neue Partner ihre Freunde und Bekannte einladen können, diese Präsentation zu besuchen bzw. die Informationen zum Unternehmen zu bekommen. Man nennt diese Art auch „Rekrutierungsmeetings". Das heißt, der Sprecher begrüßt in etwa mit den Worten: *„Guten Abend meine Damen und Herren, ich möchte Sie ganz herzlich begrüßen, im Namen von „XY". Wir stellen Ihnen heute eine Geschäftsmöglichkeit vor, die... usw."*.

Den Nachteil dieser Methode hat Strachowitz aufgedeckt:

„Leider erzieht diese Methode auch manchen Partner zur Bequemlichkeit und befreit ihn von der Verantwortung für sein eigenes Geschäft. Hinzu kommt die Abhängigkeit vom Terminplan der Organisation – wenn der Interessent am Tage der Geschäftspräsentation keine Zeit hat, vergehen bis zur nächsten Gelegenheit ein bis zwei Wochen: eine eingebaute Wachstumsbegrenzung. Ziel ist es also für jeden Partner, selbst Gespräche zu führen."

In meinem ehemaligen Unternehmen gab es auch solche Veranstaltungen, bei denen ich ziemlich schnell Sprecherin war. Und das war oft eine Herausforderung für mich! Nicht selten wurden Gäste unter falschem Vorwand eingeladen und sie standen – alleine schon deshalb – der Sache misstrauisch gegenüber. Sie können sich vorstellen, dass es nicht immer eine leichte Aufgabe war, vorne zu stehen und die Gäste überzeugen zu müssen.

Als ich mein Partner-Unternehmen kennen lernte, war neben dem einfachen Vergütungsplan für mich noch ein zweiter Punkt von großer Bedeutung:

Ich erkannte sofort, dass ich für diese Möglichkeit, bei der ich keine Mengen an Ware umsetzen muss und keine Einstiegsgebühren habe, auch keine Meetings brauche, um sie jemandem zu erklären.

Mir war sofort klar, dass ich das jedem Freund in maximal einer Stunde erklären kann. Und der wiederum seinem Freund. Absolut duplizierbar! Ich erkannte, dass ich eine einfache Möglichkeit habe, die jeder jedem zeigen kann und entschloss mich sofort, dass ich künftig nur noch zu Leuten sprechen werde, die **wollen**, dass ich zu ihnen spreche!

In dem Buch von Don Failla fand ich ein interessantes Kapitel zum Thema „Meeting“, das mich sofort überzeugt hat:

„(…) und so sieht eine typische Infoveranstaltung aus: Stuhlreihen in einem Wohn– oder Hotelzimmer und eine Tafel oder Flipchart vor der ersten Reihe. Ein Sprecher im dunklen Anzug stellt Unternehmen, Produkte und natürlich den Marketingplan vor. In der Regel dauert diese Veranstaltung ca. anderthalb Stunden. Von 22 Anwesenden sind 19 schon längst Berater, die restlichen drei sind Gäste. Es waren zwar mehr eingeladen, aber die sind gar nicht erst erschienen. Der Sprecher spricht zu den Gästen. Sie oder er spricht mit nur drei von insgesamt 22 Personen! Die meisten der anwesenden Berater kämpfen mit der Müdigkeit, da sie den Ablauf der Veranstaltung bereits kennen und eigentlich im Schlaf aufsagen könnten. Irgendwann wird es so langweilig, dass sie gar nicht mehr kommen wollen.“

Ich hab mich fast schlapp gelacht…. Genauso ist es mir ergangen!

Und das wollte ich einfach nicht mehr. Abgesehen von der Enttäuschung, die ein Neuer hat, wenn seine Gäste ausgeblieben sind, lässt sich diese Methode schlecht duplizieren.

Die meisten Menschen fürchten die Vorstellung, irgendwann vor vielen Menschen einen Vortrag halten zu müssen mehr als den Tod.

Und was wird Ihr Gast wohl denken? „Hilfe, dann muss ich wohl auch künftig jeden Dienstagabend im Meeting sitzen. Dazu habe ich wirklich nicht die Zeit!“

Wie schon gesagt, stehen dem neuen potenziellen Partner zwei Fragen auf der Stirn geschrieben. Die Erste ist: *„Was bringt es mir?“*, und die zweite Frage lautet: *„Kann ich das auch?“*, oder: *„Habe ich die Zeit?“* Meiner Erfahrung nach sind solche Meetings nicht von allzu großem Interesse für unsere Partner.

Denken Sie dran: **Zeit ist kostbar!**

Deshalb machen wir Trainingstreffen. Der gravierende Unterschied ist hierbei, dass wir zu den 19 Partnern sprechen! Gäste können natürlich mitgebracht werden. Aber unter ganz anderen Voraussetzungen. Der Gast hat idealerweise schon eine CD gehört und er weiß, dass er „Gast“ ist und einfach mal unverbindlich reinschnuppern kann. Was glauben Sie, um wie viel glaubwürdiger das ist, wenn Sie jetzt Ihren Aktiven erklären, dass sie den neuen Gästen unbedingt helfen müssen, um selbst erfolgreich zu sein? Sie fühlen sich auch weniger unter Druck – ich weiß von manchen Gästen, dass sie sich bei einem Rekrutierungsmeeting der oben beschriebenen Form nicht sehr wohl gefühlt haben. Sie spürten, dass die meisten schon „aktiv" sind und dachten, der ganze Aufwand wäre nur für sie gemacht.

Auf den Trainingstreffen kann die Vorinfo geübt werden, das Startertraining und natürlich können auch die Fragen beantwortet werden, die seit dem letzten Treffen aufgetaucht sind. Es kann ein Erfahrungsaustausch stattfinden und – ganz wichtig – ein oder mehrere Partner können so Sprecher für eine ganze Stadt sein, ohne den Eindruck zu erwecken, nur wer vor einer Gruppe Menschen sprechen kann, könne erfolgreich sein.

Die Begrüßung könnte so oder ähnlich aussehen:

„Guten Abend alle zusammen. Ich möchte euch ganz herzlich begrüßen, mein Name ist Hugo und ich leite unser heutiges Trainingstreffen. Wir sind alle mehr oder weniger aktive Partner von YZ, und setzen unseren Schwerpunkt auf das Eins-zu-Eins-Gespräch, das heißt, auf die Empfehlung von Mensch zu Mensch. Deshalb üben wir hier auch einmal wöchentlich unsere Vorinfo und Kataloginfo bzw. das Startertraining. Das Training soll eine Übungsplattform sein und natürlich auch die Möglichkeit bieten, dass Sie – wenn Sie selbst noch unsicher sind und/oder Ihr Sponsor nicht in Ihrer Nähe wohnt, hier einen Gast mitbringen können, wenn Sie ihn mit Hilfe eines Werkzeugs interessiert haben. Wir wollen alle anstehenden Fragen beantworten bzw. unsere Erfahrungen austauschen."

Wenn die Runde klein ist, können sich die Anwesenden **kurz** vorstellen und vielleicht auch sagen, was sie von diesem Abend erwarten. Ich sehe die Rolle des Sprechers eher als die eines „Moderators". Die Anwesenden können bei den anstehenden Fragen mit einbezogen werden und sind somit aktiv integriert. Der Lerneffekt ist um ein Vielfaches höher als bei einem Monolog. Außerdem macht es viel mehr Spaß! Letztendlich haben die Treffen auch eine gewisse „Hospitalfunktion". Es läuft nicht immer alles nur positiv, und deshalb ist es ganz wichtig, dass wir dort auch Menschen treffen und sehen, dass auch sie ein „**NEIN**" bekommen, und dass dies völlig normal ist.

Wir haben uns im Eagle-Team-International für diesen Weg entschieden. Das hängt ganz klar von unserer Zielgruppe ab. Wir wollten eine Lösung für die Mehrheit der Menschen, die nicht verkaufen, und im Allgemeinen auch keine Vorträge halten können und wollen. Eben für ein Empfehlungsmarketing von Mensch zu Mensch. Natürlich gibt es auch Teams, die hauptsächlich aus Therapeuten, Heilpraktikern und ähnlichen Berufsgruppen bestehen, und daher eine etwas andere Arbeitsweise, wie z.B. Vorträge, haben. Das ist vollkommen ok, aber logischerweise nicht geeignet für unsere Zielgruppe.

In jedem Fall ist das Wichtigste die Begeisterung, die ansteckend wirkt. Und die Identifikation. Jeder findet auf so einem Trainingstreffen jemand, der genauso alt ist, aus der gleichen Stadt oder dem gleichen Land kommt oder den gleichen Beruf hat. Das bedeutet, jeder findet jemanden, mit dem er sich identifizieren kann. Deshalb ist auch die „Promotion" – also das „Bewegen einer Person von Punkt A nach Punkt B" – so wichtig. Vor allem zu unseren großen Events, die etwa viermal im Jahr stattfinden. Wir wissen heute aus unserer Erfahrung, dass es uns mindestens ein Jahr Überzeugungsarbeit erspart, wenn unser neuer Partner „das große Bild" auf einem Event gesehen hat. Wenn er unsere Firmengründer kennen gelernt hat. Deshalb promoten wir solche Gelegenheiten auch mit voller Power!

Trainingstreffen und Eagle-Team-International

Als ich mit Lissy und Isolde anfing, gab es in Deutschland noch so gut wie keine Aktivitäten unseres Unternehmens. Immer wieder höre ich Argumente wie: *„Ja du, du hattest es ja gut, du warst ja ganz am Anfang dabei."* Das ist ein Irrglaube!

Isolde sponserte Susanne und Susanne sponserte jemanden aus Münster/Westfalen. Was bedeutete, dass Isolde und ich nach Münster fuhren und dort ein Training machten. Auf dem Rückweg machten wir noch in Siegen Station. Und dasselbe fand dann in Bremen, in Berlin, in München in Salzburg etc., etc., etc., statt.

Nach einem Jahr war mein monatliches Einkommen so hoch, dass ich mir einen meiner großen Wünsche, ein Wohnmobil, leisten konnte. Damit haben wir dann Touren von mehreren Tagen gemacht. Eines ist klar, wenn wir eine neue Gruppe aufbauen wollen, dann nutzt es nichts, ein Mal zu kommen und dann läuft es von selbst. Das ist zwar manchmal der Fall, aber ich denke, in der Praxis gibt es mehr Menschen, die intensive Unterstützung brauchen. Und dazu sind wir ja auch da!

Inzwischen gibt es diese Trainingstreffen flächendeckend über ganz Deutschland. Und auch in Spanien und in der Schweiz. Wir **müssen** nicht mehr so viel reisen... das ist ein Riesenfortschritt und bietet ein unglaubliches Wachstumspotenzial! Jeder hat so die Möglichkeit, in den Online-Veranstaltungskalender unseres Mitgliederbereiches zu schauen, und einen Freund oder Bekannten, der weiter entfernt lebt, auf solch ein Trainingstreffen zu schicken, nachdem er ihn gesponsert hat.

Wie hat sich dies entwickelt, und welche Bedeutung hat das Eagle-Team-International? Nun, nach und nach haben immer mehr meiner Downline-Partner begonnen, selbständig zu arbeiten und ihre eigenen Trainings in ihrer Stadt durchzuführen. Wenn nun jeder von ihnen auch „Sideline-Partner" zulässt, profitieren alle gegenseitig voneinander. Zum Beispiel kann jemand aus Stuttgart, der Bekannte in Bremen hat, diese zu einem Treffen schicken, das ein anderer Partner in meinem Team dort in Bremen macht. Der wiederum hat im Gegenzug die Möglichkeit, seine Kontakte in Stuttgart zu Trainings zu vermitteln. Natürlich geht das nur dann, wenn überall das gleiche System verwendet wird.

Das Eagle-Team-International ist viel mehr als nur die Summe seiner Mitglieder. Es ist ein Zusammenschluss der Partner in meiner Downline, die sich in Loyalität und auf Basis gemeinsamer ethischer Richtlinien gegenseitig respektieren und unterstützen, um durch diese Kooperation wesentlich effizienter und globaler arbeiten zu können. An dieser Stelle möchte ich nur kurz darauf eingehen, welche Leitlinien die Grundlage unseres Eagle-Team-International sind. Details werde ich in meinem nächsten Buch ausführlicher beschreiben.

Die Basis ist ein System, das gemeinsam erarbeitet wurde, an das wir uns halten und das wir nicht eigenständig abändern. Es ist in der Praxis bewährt und erprobt, und gewährleistet die einheitliche Arbeitsweise und Ausbildung neuer Partner. Die wesentlichen Elemente hierzu sind die Vor- und Kataloginfo, das Startertraining, die Schneckentechnik und einheitliche Werkzeuge, wie Bücher und CDs. Diese sind im Mitgliederbereich dokumentiert und können von jedem gelesen und ausgedruckt werden. Wir denken, dass wir keine Inserate mit Millionenversprechen brauchen, und wir streuen auch keine Flyer oder Visitenkarten einfach „kalt" unter die Leute. Wir arbeiten vorzugsweise im „warmen Markt" oder bauen zuerst eine Beziehung auf. Wir nutzen unsere persönliche Geschichte, und geben idealerweise nur dann Informationen weiter, wenn sie der andere wünscht. Damit vermeiden wir Ablehnung und hinterlassen keine „verbrannte Erde". Zu den ethischen Regeln gehört natürlich auch, dass wir keine Partner aus anderen Linien absponsern und auch nicht negativ über andere Partner oder Unternehmen und Produkte reden.

Wenn wir uns alle an diese Punkte halten, besonders bei den öffentlichen Terminen, die im Veranstaltungskalender sind, wird das Eagle-Team-International eine hervorragende Kooperationsplattform sein und wir alle werden den maximalen Nutzen davon haben.

Details zu diesem Thema finden Sie auch im Mitgliederbereich unter Ausbildungssystem Modul 4 „Ethik".

Filtern und Sortieren

In einem weiteren Punkt teile ich meine Meinung mit vielen erfolgreichen Führungskräften in der Branche:

„Der Schlüssel zu immensem Wachstum liegt darin, Führungspersönlichkeiten zu finden und auszubilden!"

Das bedeutet, dass unsere größte Herausforderung darin besteht, diese zu erkennen. Frühzeitig herauszufinden, **wer** wirkliches Interesse hat, erfolgreich zu werden. Zeit ist unser kostbarstes Gut, und ich denke, Sie konnten inzwischen sehen, was dabei herauskommen kann, wenn wir einen aktiven Partner sponsern und ihm helfen seine Gruppe aufzubauen, indem wir ihn aktiv unterstützen, dasselbe mit seiner Gruppe zu trainieren.

Filtern und Sortieren beginnt sehr früh, z.B. indem ich durch das Erzählen meiner Geschichte schon mal filtere, wer Interesse hat und wer nicht. Wenn ich schon ein paar Partner in meinem Team habe, die in der „Noch-Nicht-Box" sind, kann ich, wenn ich wieder Zeit habe, erneut filtern, indem ich frage: *„Ich habe wieder Zeit eine Linie zu unterstützen und zum Erfolg zu bringen. Wer von Euch möchte derjenige sein?"*

Wenn wir das **wirklich** so machen, dann sind wir in einer absoluten „Biet-Position". In dem Fall wird unsere Quote sprunghaft ansteigen....

Deshalb ist es auch wichtig, dass wir keine Zeit damit verbringen, Menschen zu **bitten**, bei unserem Geschäft einzusteigen. Widerwillige Menschen werden nur schlechte Partner abgeben – selbst wenn es uns gelungen ist, sie zum Start zu bewegen. Die Menschen, die wir suchen, sind die fleißigen Bienen, diejenigen, die sofort mit der Arbeit beginnen und nicht, wie ich es manchmal erlebe: *„nach den Sommerferien..."*.

Ich vergleiche das gerne damit, dass ich mich neu verliebe. Halten Sie es für möglich, dass Sie zu Ihrem Geliebten sagen: *„Du, im Sommer ist es ganz schlecht, fangen wir an, wenn es kühler wird...."*?

Nutzen Sie den Anfangsschwung! Aber planen Sie das nicht zu sehr mit der Logik – sonst ist die Power weg. Filtern und Sortieren bedeutet, dass wir diejenigen unterstützen, die wirklich wollen und uns nicht mit denjenigen aufhalten, die nicht wollen. Filtern können Sie auch mit Werkzeugen. Werkzeuge sind (wie gesagt): Bücher, MCs, Videos, Seminarkarten, neutrale Zeitungsausschnitte etc.. Je nach Menschentyp und Zielgruppe gebe ich ein passendes Werkzeug mit. Durch dieses Vorfiltern mit einem Werkzeug bekommen Sie schon einmal heraus, ob wirkliches Interesse besteht oder nicht, anstatt erst nach einem dreistündigen Gespräch!

Denn Sie müssen immer auch daran denken: **Was lebe ich vor?** Nur, wenn Sie Ihrem Interessenten vorleben, was Sie sagen, sind Sie glaubwürdig und authentisch. Zum Beispiel: *„Du kannst das Geschäft auch nebenberuflich aufbauen“* .

Allerdings wissen wir: in den wenigsten Fällen kommt unser Interessent von selbst auf uns zu. Sie wissen, wie das ist – oder wie viele Zettel haben Sie an Ihrem schwarzen Brett hängen mit Dingen, die Sie unbedingt tun wollten oder Bücher, die Sie sich kaufen wollten....

Ich schlage meinen Partnern vor, **gleich bei der Vergabe** meines Werkzeugs darüber zu sprechen: *„Was denkst du, wann kannst du die CD anhören?“*, oder *„Wann sehen wir uns wieder, damit wir drüber sprechen können?“*.

Logischerweise ist auch hier die Quote höher, wenn ich vorher die Neugier geweckt oder sein **WARUM** angesprochen habe.

Und wenn jemand sich nicht entscheiden kann uns zu treffen? Gut, dann hat er sich auch entschieden und wiederum selbst ausgefiltert! Das ist völlig ok. Wir wissen, dass wir unsere Quote brauchen und lassen uns dadurch nicht unsere Begeisterung rauben.

In dem Buch „Der ultimative Leitfaden“ von Ledoux fand ich folgende Passage über **Fehler**, die fast jeder macht:

„Jemand gibt auf und Sie sind traurig. Bedenken Sie: Empfehlungsmarketing ist ein Spiel mit Zahlen. Ein Marathon. Ein Wettbewerb in Ausdauer. 50% geben im ersten Jahr auf. 40% lieben die Produkte. 10% machen das Geschäft. 2% machen 90% der Arbeit. Halten Sie Ausschau nach Gewinnern und seien Sie selbst einer, dann werden die zukünftigen Gewinner Sie auch finden“.

Das finde ich grandios! Genau darum geht es: Diese 10% zu finden. Nicht mehr und nicht weniger. Ich denke, das so zu sehen ist hilfreich gegen Enttäuschung. Bitte beschweren Sie sich nie darüber, dass „der“ oder „die“ nichts TUT. Das ist sein/ihr gutes Recht! So bieten wir unser Geschäft an (das hoffe ich wenigstens...).

Wir sagen: „Du kannst, aber du musst nicht!".

In meiner Anfangsphase war eine Lehrerin in meinem Team, die mich um ein persönliches Gespräch zusammen mit Ihrem Mann gebeten hat. Ich dachte, die beiden wollten von mir ein Training haben. Deshalb war ich einigermaßen überrascht, dass der Mann sich an den Tisch setzte, die Arme überkreuzte und mir mitteilte:

„So Frau Steiner, jetzt überzeugen Sie mich mal, ich sage Ihnen gleich, das wird nicht ganz einfach sein....“. Ich dachte, ich höre nicht richtig und ich gab zur Antwort: *„In dem Fall sind Sie bei mir vollkommen an der falschen Adresse. Ich will und werde Sie nicht überzeugen. Das wäre ein JOB, und den will ich nicht mehr. Ich kann Ihnen gerne Literatur empfehlen, die Sie in Ruhe lesen können, ich kann Ihnen auch Fragen beantworten, die dann auftreten. Aber überzeugen müssen Sie sich selbst. Und wenn Sie überzeugt SIND, dann dürfen Sie mich davon überzeugen, dass Sie ein ernsthafter Partner sind und es sich lohnt, dass ich meine Zeit in Sie investiere!“* Ganz so krass habe ich das natürlich nicht gesagt – aber sinngemäß schon.

Paula Pritchard hat in ihrem Buch zu diesem Thema ein wundervolles Beispiel: *„Ich stelle mir vor, ich habe eine Goldmine entdeckt und ich habe nur fünf Schaufeln zur Verfügung. Die Frage ist: „Wem würde ich die geben?“*.

Diese Vorstellung gefällt mir sehr – und trifft den Kern nur zu gut – allerdings nur, wenn wir wirklich bereit sind, unsere Partner zu unterstützen! Aber wie erkenne ich nun einen aktiven Partner?

Don Failla schreibt in dem Kapitel „So können Sie ein Goldschiff erkennen“:

- „Er ist bereit zu lernen, hat 100 Fragen und ruft in der Startphase ständig an.“ (Stimmt, ich werde unruhig, wenn ein Neuer keine Fragen hat...)
- Er bittet um Ihre Unterstützung und möchte, dass Sie seine Interessenten kennen lernen. (ein ganz wichtiger Punkt!)
- Er ist völlig begeistert, liest Bücher und lernt alles über **Network Marketing**, um erkennen zu können, dass es funktioniert.
- Er ist bereit, sich zu verpflichten, kauft und benutzt **die Produkte**.
- Er hat Ziele.
- Er hat eine Namensliste und arbeitet aktiv damit.
- Es macht Spass mit ihm zusammen zu sein.
- Er ist positiv. Jeder umgibt sich gerne mit positiven Menschen.

Ich würde diese Liste noch vervollständigen:

- Er benutzt die Werkzeuge zu seiner eigenen Überzeugung und setzt sie dann auch bei anderen ein.
- Er investiert Zeit, fährt auch bei Regen oder Sonnenschein zu Treffen und Meetings.
- Er ist bereit Aufgaben zu übernehmen.
- Er arbeitet diszipliniert sein selbstgestecktes Tagespensum ab.
- Er sieht Hindernisse als Herausforderung an.

Führungskräfte kann man nicht machen, die muss man finden.

Aufgabe eines Sponsors

Einer der wichtigsten Grundsätze im Empfehlungsmarketing ist:

Sie tun nicht das, was du SAGST, sie tun das, was du TUST!

Deshalb ist es wichtig, Vorbild für sein Team zu sein. Das bedeutet bereit zu sein, das, was ich meiner Downline sage, auch selbst zu tun.

Ein weiterer wichtiger Punkt ist herauszufinden, welcher Partner ernsthaft ist und welcher nicht. Ein guter Sponsor nimmt seinen ernsthaften Partner bei der Hand und hilft ihm, ein Team aufzubauen.

„Learning by doing" ist gefragt. **Ich persönlich beantworte Fragen erst zu dem Zeitpunkt, wenn sie auftauchen**. Glauben Sie mir, ich könnte meinen Neuen eine Woche lang mit Theorie füttern, Material dazu hätte ich genug.... Aber ich bin mir ganz sicher: **Der Start muss einfach sein!** Als guter Sponsor habe ich ständig Kontakt zu meinem Neuen und merke genau, **wann** die nächste **Lektion** fällig ist.

Letztendlich ist eines sicher: Um an die Spitze zu kommen, müssen (dürfen?) Sie dazulernen und sich entwickeln! Aber das kommt automatisch und kann nicht Inhalt der ersten Monate sein. Ich sage oft zu meinen Partnern: *„Wenn ihr neu bei einer Firma anfangt, müsst ihr noch nicht wissen, was ihr als Generaldirektor zu tun habt!“* Irgendwie ist das für mich ziemlich logisch. Im nächsten Buch für Fortgeschrittene werde ich mich ausführlich dem Thema „Coaching“ widmen. Von Lissy stammt übrigens der Spruch:

„Ein guter Sponsor ist nicht immer ein bequemer Sponsor!“.

Denn ein guter Sponsor ist unter Umständen auch bereit, unangenehme Dinge anzusprechen, die unseren Partner offensichtlich am Erfolg hindern. Der „MLM Coach“ hat das Thema in einem Rundbrief nett formuliert:

„Wenn Ihr Partner vehement ablehnt Sie seinen Interessenten vorzustellen, könnte es vielleicht daran liegen, dass an Ihrem Erscheinungsbild was nicht stimmt…. Ganz ehrlich: ich überlege mir doch zehnmal, ob ich meinen Interessenten zu meinem Sponsor mitbringe, der „müffelt“ oder fettige Haare hat oder dessen Wohnzimmer vor lauter Rauchschwaden schon nicht mehr zu erkennen ist.“

An dieser Stelle könnte ich es ja einmal wagen an meine geliebten Raucher diesen Erfahrungswert weiterzugeben: Es kostet uns Volumen, wenn wir auf den Meetings oder Veranstaltungen rauchen. Punkt. Immerhin geht es bei uns ja auch um Gesundheit. Ich habe nicht wenige Rückmeldungen bekommen, wo Gäste auf verrauchten Meetings waren und alleine schon deshalb den Schluss gezogen haben, dass das nichts für sie ist, *„weil die Leute unglaubwürdig sind“*. Und Sie werden vielleicht den Grund nie erfahren….Wie schon gesagt:

Entgangenen Nutzen kann man nicht messen!

Zu der Frage: *„Wen fördere ich nun?“*, gibt es einen interessanten Aspekt auf einer CD von Jim Rohn, die ich jedem empfehlen möchte. Er sagt: *„Wenn du einen Schritt gehst, dann gehe ich zwei! Du gehst zwei Schritte, dann mache ich drei für dich.“* Das ist sehr gut, und ich denke so einfach ausgedrückt, dass dazu keine weitere Erklärung notwendig ist.

„Du kannst 1000 Menschen helfen, aber keine drei auf dem Rücken tragen!“

Wie wahr – und häufig auch ein Problem! Ich weiß, dass viele gerade der neuen

Partner versuchen, jemandem zu helfen, der es doch so „nötig hätte". Es macht keinen Sinn, Menschen zu suchen, die es brauchen. Wir suchen lieber nach den Menschen, die es **WOLLEN**.

Sponsern und Betreuen

Sie haben verstanden, dass es aufgrund unseres Vergütungsplanes nicht notwendig ist, dauernd neue Partner zu sponsern. Hier heißt es: sponsern und fördern, sponsern und fördern, sponsern und fördern....

Es ist absolut kontraproduktiv, zehn Personen auf einmal für das Geschäft zu begeistern und dann ohne Unterstützung vor sich „hinwurschteln" zu lassen. Ich persönlich bin der Meinung, dass ich lieber je 50% meiner Energie auf zwei Linien verteile, von denen dann beide wirklich erfolgreich werden. Wenn ich zehn Linien jeweils 10 % meiner Zeit zukommen lasse, kann es durchaus sein, dass **KEINER** der 10 genug Hilfe und Unterstützung bekommen hat, um selbständig aktiv zu werden.

> **„Es liegt in der Verantwortung eines jeden Sponsors, sein gesamtes ‚Geschäftswissen' an die von ihm gesponserten Berater weiterzugeben: Produktbestellung, die ersten Schritte, wie sie ihr eigenes Netzwerk aufbauen und trainieren, etc."**

Für Don Failla bedeutet es die größte Zeitverschwendung, immer nur nach Leuten zu suchen, die wir sponsern können, anstatt einem Freund zu helfen, mit seinen Leuten zu sprechen. Natürlich müssen wir zu Beginn 100% mit dem Sponsern neuer Partner verbringen. Später werden Sie dann immer weniger neue Partner sponsern, denn wir sind ja nicht im Verkauf. Die Faustregel bei uns ist: 95% Ihrer Zeit mit den ernsthaften fünf Beratern verbringen, 2,5% mit der Betreuung von den anderen Beratern und 2,5% mit der Suche nach weiteren Partnern. Hierzu schreibt Don Failla:

„Wenn Sie Ihre Berater entsprechend trainieren, brauchen Sie nie wieder auf die Suche nach Interessenten zu gehen. Denn, während Sie sich um Ihre neuen Berater kümmern, sich mit ihnen treffen usw., werden Sie genügend Menschen kennen lernen, denen Sie Ihr Geschäft vorstellen können."

Je intensiver wir mit unseren Partnern zusammenarbeiten können, umso erfolgreicher werden sie auch. Und genau deshalb baut sich anfangs ein pfiffiger Networker seine Gruppe möglichst in seiner nahen Umgebung auf.

Wir helfen unseren Neuen bis in die dritte oder vierte Ebene zu gelangen – hiermit verbringen wir dann den größten Teil der Zeit, die wir dem Empfehlungsmarketing widmen. Darin liegt der Schlüssel zum Erfolg.

Bitte lesen Sie sich diesen Absatz nochmals durch! Was für ein Unterschied an Motivation es ist, wenn ich meinem Neuen helfe in die Tiefe zu sponsern anstatt in die Breite, möchte ich an folgendem Beispiel zeigen:

Gehen wir jetzt mal davon aus, ich habe Anna gesponsert und ich mache vier Gespräche, und helfe ihr dabei vier neue Partner (Bernds) zu finden.

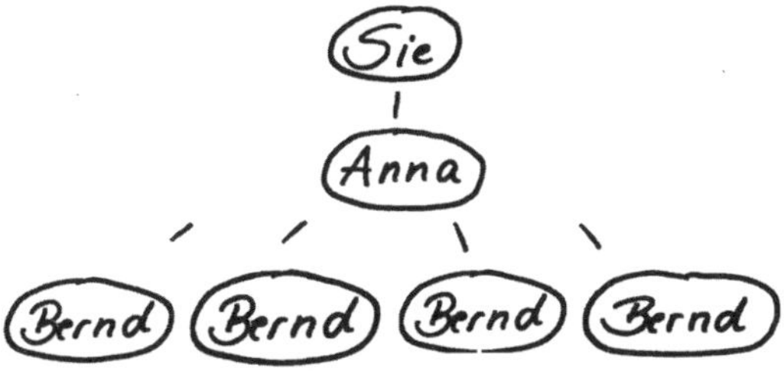

Es sind nun vier Partner in Annas Team. Nur, wie viele davon sind motiviert? Wenn ich davon ausgehe, dass es die beste Motivation überhaupt ist, schon selbst wieder einen Partner im Team zu haben, ist nur Anna richtig motiviert.

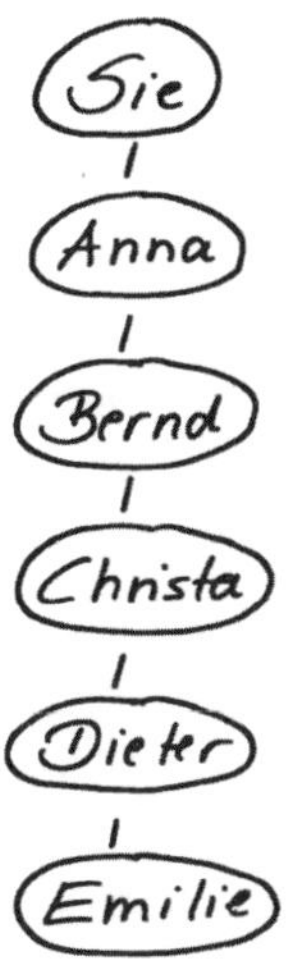

Jetzt betreibe ich den gleichen Aufwand und führe auch wieder vier Gespräche durch. Nur helfe ich Anna mit Bernd zu sprechen, dann Bernd mit Christa, Christa mit Dieter, und Dieter dann auch noch mit Emilie zu sprechen.

Jetzt gehen wir einfach mal davon aus, dass alle starten. Anna hat nun auch vier Leute in ihrem Team. Aber wie viele sind **jetzt** motiviert? **Vier**! 400% mehr Motivation beim gleichen Aufwand! Das ist das große Geheimnis unseres Geschäfts.

Don Failla sagt hierzu:

„Eine Kerze am Hintern ist effektiver als ein Flammenwerfer im Gesicht."

Nichts motiviert Menschen so, wie jemand, der „unter ihnen" loslegt. Die Arbeit in die Tiefe ist unschätzbar wertvoll. Beim gleichen Aufwand habe ich viermal mehr motivierte Leute. Je schneller Sie Ihre eigenen Partner in die dritte oder vierte Ebene bringen, umso schneller erzeugen Sie ein Feuer der Begeisterung, denn unsere Partner sehen: *„Es funktioniert! Ich kann das auch! Meine Arbeit macht Spaß! Ich verdiene Geld!"*

Und wenn dann dieses eine Team tief und breit genug ist, und auch selbständig arbeiten kann, dann können Sie – bevor Sie sich dann auch auf das Sponsern von Neuen konzentrieren – erst mal bei denen nachfragen, die in der Noch-Nicht-Box sind: *„Du Alfred, ich habe grade einem Team zum Erfolg verholfen, die sind nun selbständig und ich hätte wieder Zeit, um einen Neuen zu fördern. Willst du?"*

Auch ich muss mich umschauen, wo eine potenzielle Führungskraft steckt, die willens ist, die Verantwortung zu übernehmen. Ein riesiger Vorteil unseres Vergütungsplanes ist, dass der nächste Stern keineswegs aus den ersten drei Ebenen kommen muss. Es kann sich dabei auch um einen Partner aus der zehnten Ebene oder noch tiefer handeln. Das ist auch der Grund, warum es sehr wichtig ist, aktive Partner aus der Tiefe auszumachen und mit ihnen Kontakt aufzunehmen bzw. „Perlen in der Tiefe zu sammeln".

Ich freue mich über jeden, der zu mir kommt und um Unterstützung bittet. Natürlich kann ich das nicht alles selbst übernehmen. Aber ich werde dafür sorgen, dass jeder Anschluss an ein erfolgreiches Team findet. Mit unserem System und dem Veranstaltungskalender ist das überhaupt kein Problem!

Networker - Powernetworker

Der Riesenvorteil im Empfehlungsmarketing ist, dass sich jeder in seiner Geschwindigkeit ein zweites Standbein aufbauen kann, ohne die Sicherheit des bestehenden Berufes verlassen zu müssen. Lediglich durch Ihren Zeiteinsatz bestimmen Sie, wann Sie Ihr Ziel erreicht haben werden.

Dieses Buch ist für neue Partner gedacht. Deshalb ist es wichtig zu erwähnen, dass es der normale Weg ist, sich mit fünf bis zehn Stunden pro Woche anfangs ein Nebeneinkommen und später (vier bis sechs Jahre) daraus ein Haupteinkommen zu generieren. Monatliche Einkommen in der Höhe von 30.000, 60.000 Euro oder mehr, wie es Spitzen-Networker verdienen, funktionieren selten mit fünf bis zehn Stunden Zeitaufwand! Wenn Sie ein höheres Ziel haben bzw. einfach schneller vorwärts kommen wollen, erkundigen Sie sich bitte bei Ihrem Sponsor nach der Powergruppe.

Schlusswort

Der Abgabetermin meines Buches rückt näher – es ist unglaublich, wie viele schon nach meinem Buch gefragt haben und gar nicht erwarten können, dass es endlich herauskommt....

Darüber freue ich mich sehr. Mir ist bewusst, in wie viele Hände dieses Buch geraten kann. Deshalb überlege ich seit Tagen, ob ich etwas vergessen habe oder was noch unbedingt gesagt werden muss. Wenn etwas fehlt, kommt es einfach in das zweite Buch für Fortgeschrittene, das bereits in Planung ist.

Ich wünsche mir, dass ich Ihnen ein paar Argumente für Ihren Start an die Hand geben konnte. Und, dass es nicht zu viele Informationen auf einmal waren. Wenn ja, dann vergessen Sie alles, was Sie momentan nicht brauchen und machen es so, wie Sie sich wohl fühlen!

Vielleicht lesen Sie das Buch nochmals in ein paar Wochen oder Monaten? Ich garantiere Ihnen, dass es dann ein völlig anderes sein wird! Diese Erfahrung habe nicht nur ich gemacht. Weil man immer nur die Stellen liest oder aufnimmt, die einen **jetzt** gerade betreffen.

Achten Sie darauf, dass Sie immer ein gutes Bauchgefühl haben. Wenn das nicht der Fall ist, dann überlegen Sie, was Sie gerade tun. Vielleicht sind Sie dabei, jemanden überreden zu wollen? Oder Sie diskutieren mit jemanden, der negativ gegenüber der Branche eingestellt ist? Ich sage immer: „*Wenn Sie kein gutes*

Bauchgefühl haben, dann machen Sie etwas falsch."

Aber auch das ist kein Problem. Der Chef von IBM wurde einmal gefragt, wie man in seinem Unternehmen an die Spitze gelangen könnte. Er sagte: *„Verdoppeln Sie Ihre Fehlerquote!"*

„Wege entstehen oftmals erst beim Gehen."

Denken Sie daran: Sie betreten Neuland und brauchen Ihre Zeit, um „berufserfahren" zu werden. Nicht anders war es bei mir und meinem Team. Wir haben Entscheidungen getroffen, diese durchgeführt und dann hingeschaut. Was war gut? Was muss korrigiert werden? Eine hundertprozentige Lösung für alle wird es nie geben.

Und es gibt auch nicht **den einen, perfekten Satz** oder die **perfekte Ansprache**. Auch damit werden wir leben müssen. Was ich Ihnen versprechen kann, ist, dass **Sie** mit der steigenden Erfahrung besser werden!

Einen ganz besonderen Dank möchte ich an dieser Stelle aussprechen an all die, die mich schon seit Jahren begleiten und die auch mit Rat und Tat an diesem Buch mitgewirkt haben. Wir bleiben niemals stehen und werden nie stehen bleiben. Flexibilität ist in hohem Masse erforderlich! Das ist auch der Grund, warum ich keine detaillierten Empfehlungen zum Trainingssystem im Buch mache. Den jeweils aktuellen Stand zum System und auch den empfohlenen Werkzeugen finden Sie unter: **www.mitgliederbereich.com**.

Was ist nun mein konrekter Vorschlag an Sie zum Start?

Überlegen Sie sich Ihr **WARUM**. Dann treffen Sie eine Entscheidung. Teilen Sie diese Ihrem Sponsor mit und vereinbaren einen Termin für das Startertraining. Dazu laden Sie Ihren besten Freund oder beste Freundin ein. Bestellen Sie sich das zu Ihrem Ziel passende Bücherset. Planen Sie in Ihrem Kalender die Termine, die Sie besuchen, und die Sie zusammen mit Ihrem Sponsor machen. Nehmen Sie ihr neues Geschäft ernst. Auch wenn es viel Spaß macht. Und dann verpflichten Sie sich ein Jahr dabei zu bleiben, egal was passiert. Kein Geringerer als Goethe sagte folgende Worte zu diesem Thema:

Bis man sich verpflichtet hat, zögert man, läuft man Gefahr, einen Schritt rückwärts zu machen, ist man immer wirkungslos. Es gibt eine elementare Wahrheit, die auf alle Initiativen und Schöpfungen zutrifft und deren Unkenntnis zahllose Ideen und prächtige Pläne zugrunde richtet. In dem Augenblick, in dem man sich unumstößlich verpflichtet, tritt auch die Vorsehung in Erscheinung. Alle möglichen Dinge ereignen sich, um einem zu helfen, die sich anderweitig niemals ereignet hätten. Ein ganzer Strom von Geschehnissen entfließt der Entscheidung, beschwört alle möglichen unvorhergesehenen Vorkommnisse, Zusammentreffen und materielle Hilfe zum eigenen Vorteil herauf, wovon keiner sich hätte träumen lassen, dass ihm das je geschehen würde. Was Du Dir auch immer vorstellen kannst, kannst Du auch tun.

Fang an, jetzt gleich!

Da ist viel dran – das wird mir immer wieder bestätigt – und Goethe muss es ja schließlich wissen…

Mein letzter Tipp:

Erkennen Sie den Wert eines Menschen!

Wenn Sie jemanden haben, der ernsthaft will, dann unterstützen Sie ihn mit aller Kraft. Seien Sie sich bewusst, was Sie für diesen Menschen bedeuten können und was dieser Mensch für Sie bedeuten kann! Dazu möchte ich Ihnen ein Zitat geben, das sehr gut auf das Empfehlungsmarketing zutrifft:

„Jeder kann die Kerne in einem Apfel zählen. Aber keiner die Äpfel in einem Kern!“

Ich wünsche Ihnen alles Gute in Ihrem Leben und ich hoffe, dass Ihre Entscheidung zugunsten dieser wunderbaren Branche ausfallen wird. Und ich vielleicht ein kleines Stück dazu beigetragen habe? Darauf wäre ich sehr stolz! Ich freue mich auf den nächsten Event, wo wir uns treffen werden!

Viele Grüße aus Ebni

Gabi Steiner